Stumpwork

stumpwork

RSN
스텀프 워크
Stumpwork

옮긴이 김성순

국민대학교 국제경영학과를 졸업했다. 호주에서 여행가이드로 일했고, 코스메틱 컨테이너 해외영업과 정보통신 보안 해외마케터로 10여 년간 근무했다. 영국 통신보안장비 해외마케팅을 하면서 다년간 IT기술 번역을 하다가 지금은 출판번역가로 활동하고 있다.
옮긴 책으로는 《Not For Free낫 포 프리》, 《내가 제일 아끼는 사진》, 《인생을 단순하게 사는 100가지 방법》 등이 있다.

감수 민우준

어느 날 우연처럼 딸아이가 수놓은 작은 손 자수 조각을 보고 처음 프랑스자수를 접하게 되었다. 현재 민스프랑스자수(http://blog.naver.com/woozooni) 블로그와 네 자매가 함께하는 온라인 자수 카페(http://cafe.naver.com/woozooni)를 운영 중이다. 유럽풍의 소녀 감성이 깃든 사랑스러운 작품들을 선보이며, 활발한 강의 활동을 통해 자수를 좋아하는 사람들과 호흡하고 있다.
감수한 책으로는 《몰리 메이크스 자수 수업》이 있다.

First published in Great Britain 2011

Search Press Ltd, Wellwood, North Farm Road, Tunbridge Wells TN2 3DR. Great Britain
Copyright © Kate Sinton 2011
Photographs by Paul Bricknell at Search Press Studio
Photographs and design copyright © Search Press Ltd. 2011

All rights reserved. No part of this book, text, photographs or illustrations, may be reproduced or transmitted in any form or by an means by print, photoprint, microfilm, microfiche, photocopier, or in any way known or as yet unknown, or stored in a retrieval system, without written permission obtained beforehand from Search Press.

Korean Translation © Somssi Company 2015
Arranged through Icarias Agency, Seoul

이 책의 한국어판 저작권은 Icarias Agency를 통해 Search Press Ltd.와 독점 계약한 (주)솜씨컴퍼니에 있습니다.
저작권법에 의하여 한국 내에서 보호를 받는 저작물이므로 무단전재와 복제를 금합니다.

자수 본연의 우아함과
생동감의 조화,
입체 자수의 정석

RSN
스텀프 워크
Stumpwork

지은이 **케이트 신턴** | 옮긴이 **김성순** | 감수 **민우준**

somsi
company

자수 본연의 우아함과 생동감의 조화, 입체 자수의 정석
RSN 스텀프 워크

1판 1쇄 인쇄 2015년 5월 1일
1판 1쇄 발행 2015년 5월 10일

지은이 케이트 신턴
옮긴이 김성순
감수 민우준
펴낸이 최태선

펴낸곳 (주)솜씨컴퍼니
등록 제2015-000025호
주소 121-826 서울시 마포구 방울내로9길 24 401호
전화 02.3142.4364 **팩스** 02.6442.4364
홈페이지 www.somssistore.com

출력 카이로스 **종이** 타라유통 **인쇄** 도담프린팅
용지 커버: 아르떼 화이트 160g 표지: 아르떼 화이트 105g 본문 : 백상지 120g

ISBN 979-11-954748-2-0 14630
      979-11-954748-1-3(SET)

Prologue

와이어와 비즈를 이용해 입체적으로
솟아오르게 표현한 꽃

제가 스텀프 워크를 사랑하게 된 것은 예쁘기 때문만은 아니었습니다.
사실 형태는 불완전하고 색상도 선명하지 않지요.
그보다는 마음껏 펼쳐진 장난기, 다양한 요소의 혼합, 순수함, 가끔 보이는
천진난만함이 저를 매료시켰답니다. 자수를 놓는 사람으로서 스텀프 워크는
새로운 디자인과 스티치를 탐구하고 실험하고 싶게 하며, 무엇보다도 저에게 창조적인
영감을 불어넣어줍니다. 그러한 스텀프 워크의 기법에는 제약이 거의 없으므로
지금도 여전히 현대적이고 유의미한 작품에 쉽게 적용할 수 있습니다.

17세기의 스텀프 워크들을 보면 종종 신기한 기술을 발견할 수 있는데,
이것은 스티치 기법뿐만 아니라 그렇게 수를 놓은 사람들에 대한 궁금증을 유발합니다.
'전문적인 자수 기술자의 솜씨일까? 아니면 귀족이나 왕족, 또는 신화를 좋아하는 사람의 취미생활이었을까?
그들은 어떤 식물을 좋아했을까? 당시의 최신 유행을 표현하는 데 어려움은 없었을까?'
자수를 통해 그들은 자신들이 사는 시대를 투영했습니다. 천 위에 당시의 정치·사회 상황을 은유적으로 표현한 것이지요.
저는 작업할 때, 한 가지 기법만 고집하기보다 제가 원하는 효과를 가장 적절하게 구현할 수 있는
스티치 기법과 소재는 무엇일까에 대해 늘 고민합니다. 스텀프 워크의 주제는 그런 고민을 그대로 반영합니다.
다양한 소재를 실크 자수, 금속실 자수, 카운티드 워크 Counted work, 평면 스티치, 입체 스티치,
비즈, 패딩, 니들레이스 등 다양한 기법을 활용하여 완벽하게 결합할 수 있기 때문이에요.

디자인 테마도 다양합니다. 정치적이거나 시대 상황을 반영할 수도 있지만
대개 개인의 예술적, 감성적인 취향을 표현하는 수단이 된답니다.
자수를 놓는 사람 스스로 모티브를 얻고 취향을 선택하고, 때로는 해안에서 주워온
진귀한 조개나 일상생활에서 발견한 흥미로운 재료를 자수에 접목하기도 하지요.
이러한 이유로 스텀프 워크는 오늘날에도 매우 적합한 기법이랍니다.

패딩을 넣은 텐트 스티치와 4개의
버튼홀 스캘롭으로 완성된 부엉이

이 책에서는 스텀프 워크의 다양한 기법들을 쉽게 습득할 수 있도록
아주 기본적인 기술부터 설명합니다. 평소에 생각지도 못했던 소재에 눈을 뜨고,
이로써 새롭고 강렬하고 현대적인 작품을 만들어낼 수 있도록 도움을 줄 거예요.
기법들은 아주 쉬운 수준부터 어려운 수준까지 단계별로 배열되어 있습니다.
입체적인 효과는 스텀프 워크의 고유한 특성이기 때문에
특히 다중 레이어 자수와 패딩에 대해서는 여러 단계에 걸쳐 설명합니다.
하지만 기죽을 필요는 없어요. 차근차근 읽어나가다 보면 작업 시스템을 자연스럽게 이해하게 되고,
별도의 설명 없이도 쉽게 작업할 수 있으니까요. 예를 들어, 저는 평면 스티치부터 설명할 것인데
이것이 패딩의 밑면 레이어에 놓이기 때문이에요. 반면 와이어를 이용한 작업은 맨 마지막에 설명하는데,
이 작업을 먼저 하면 다른 작업을 하는 동안 망가질 수 있기 때문이지요. 다양한 디자인 작업 과정은 물론
스티치 작업을 하기 전 천을 준비하는 과정도 자세히 소개하고 있습니다. 가장 많이 사용되는 스티치는
모두 사진을 함께 곁들였고, 인물을 수놓는 방법은 마지막 장에 별도로 설명했습니다.

이제 본격적인 RSN 스텀프 워크의 세계로 여행을 시작해볼까요?

레이첼 도일Rachel Doyle의 작품 상세사진.
(34쪽 참조) 옷핀에 매달린 러시아 인형을 표현한
작품으로 스티치 한 뒤 내장재를 채웠다.
옷핀은 실로 감싼 와이어를 사용했다.

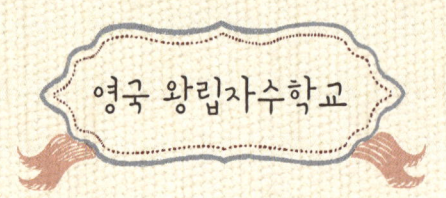

영국 왕립자수학교

The Royal School of Needlework

왕립자수학교The Royal School of Needlework(이하 RSN)는 1872년, 수준 높은 자수공예의 예술성과 기법을 보존하고자 빅토리아 웰비 여사Lady Victoria Welby가 설립하였다. 당시는 캔버스 워크Canvaswork 중 하나인 베를린 울 워크Berlin wool work가 크게 유행하여 다른 기법들은 거의 다루지 않았다. 그런 상황에서 RSN은 블랙 워크blackwork, 실크 쉐이딩Silk shading(비단실을 이용한 자수), 금속실 자수Metal thread work, 화이트 워크Whitework 등 다양한 형태의 전통적인 자수기법을 총망라하여 가르치기 시작했다.

윌리엄 모리스William Morris, 월터 크레인Walter Crane, 에드워드 번존스Edward Burne-Jones 등 당시 유명한 화가들과 함께 만든 작품을 미국과 파리에서 전시하기도 했으며, 개인적으로 의뢰받은 작품들을 제작하기도 했다.

이때 개발한 기법들은 큰 호평을 받았고, 이러한 기법을 활용한 작품들은 개인이나 기업은 물론 오랜 역사를 자랑하는 권위 있는 대성당 등의 기관에 팔려나갔다. RSN은 빅토리아 여왕 이후 영국의 모든 왕들을 위한 자수 작업을 전담하고 있다.

오늘날 RSN은 최고 수준의 자수기법을 가르치는 교육기관이기도 하다. 전 세계에서 매년 RSN의 강좌를 듣기 위해 많은 사람이 모여든다. 햄프턴코트 궁전에 있는 RSN 스튜디오에는 기발한 아이디어와 영감을 주는 상당한 양의 자수 작품과 다양한 형태의 기록물을 보유, 전시하고 있다.

RSN은 최고의 자수기법을 개발하고 연구하는 한편, 더 많은 사람이 자수를 접할 수 있는 기회를 제공하기 위해 노력하고 있다. 취미로 자수를 배우고자 하는 사람들을 위한 초보자 과정부터 서티피케이트, 디플로마, 파운데이션(영국 정부에서 직업 고등교육에 대해 인정하는 2년제 학위) 등 학위를 수여하는 전문가 과정까지 단계별로 운영하고 있다. 그러다 보니 햄프턴코트 궁전 본사를 비롯해 샌프란시스코, 도쿄 등 해외까

서리일 **Surrey** 햄프턴코트 궁전에 있는 RSN 본사

지 지사를 두고 있지만, RSN의 자수기법을 배우고자 하는 사람들이 워낙 많아 그들의 요구에 부응하지 못하고 있는 실정이다. 그래서 이 '영국 왕립자수학교 스티치 교과서' 시리즈를 기획한 것이다.

'영국 왕립자수학교 스티치 교과서'의 저자는 모두 3년 이상 RSN에서 자수기법을 공부하고, RSN 스튜디오에서 작품 활동을 하고 있는 사람들이다. RSN에서 직접 강의도 하고 있으며, 작품을 전시하기도 하고, 고객의 주문에 따라 전통과 현대를 오가는 작품을 만들기도 한다.

이 책에서는 단순히 스티치 기법만 가르치기보다 그러한 기법이 적용된 역사적인 작품 소개, 저자와 RSN 학생들의 작품을 비교해보며 똑같은 기법이 얼마나 다양하게 변모할 수 있는지 등을 보여줄 것이다.

RSN은 전통적인 스티치를 기본으로 하지만, 이러한 기법들은 현대적인 작품에 적용되어 얼마든지 새롭게 해석될 수 있다. 여러분도 RSN의 자수기법을 자신의 작품 속에서 실험해보며 발전시켜 나갈 수 있기를 바란다.

011

Contents

프롤로그 008
영국 왕립자수학교 010
스텀프 워크의 역사 016

시작하기 전에

재료와 도구 022
자수틀 짜기 030
스텀프 워크 디자인 034

스티치

아플리케 042

평면 스티치 044
스타팅 스티치 | 피니싱 스티치 | 러닝 스티치 | 스템 스티치
아웃라인 스티치 | 백 스티치 | 카우칭 하기 | 실크코드 카우칭 하기 |
스트레이트 스티치 | 롱 앤드 쇼트 스티치 | 새틴 스티치

입체 스티치 056
프렌치 노트 | 블리언 노트 | 우븐 피콧 | 입체 스템 밴드 | 버튼홀 쿠론
레이즈드 리프 스티치 | 버튼홀 바 | 버튼홀 스캘럽 | 터키 러그 스티치

니들레이스 스티치 068
싱글 브뤼셀 스티치 | 더블 브뤼셀 스티치 | 트레블 브뤼셀 스티치
코디드 버튼홀 스티치 | 실론 스티치

금속실 자수 074
우븐 휠스 | 금속실 카우칭 | 스팽글 | 브라이드 체크
펄 펄 | 색깔 펄 | 플레이트

기법

패딩 084
스티치드 패딩 | 펠트 패딩 | 스트링 패딩 | 빌렌 패딩 | 우드

슬립 090
천 슬립 | 카운티드 캔버스 슬립 | 와이어를 넣은 천 슬립
와이어를 넣은 필링 스티치 슬립 | 니들레이스 슬립 | 와이어 니들레이스 슬립

랩핑 104
비즈 | 와이어 | 종이와 카드

특별한 사물들 107
장식물 붙이기

인물 110
스텀프 워크 인물 기법

Stumpwork

031

042

044

059

065

070

074

084

090

104

107

111

스텀프 워크의 역사

스텀프 워크는 19세기부터 쓰인 용어로, 17세기에는 입체 워크 Raised or embosted work라고 불리며 1650~1690년 사이에 크게 유행했다. 15세기 자연에서 모티브를 얻고 두툼한 패딩을 넣은 교회 자수의 영향을 받은 입체 워크는 점차 집 안의 장식용 자수로 인기를 끌기 시작했다.

스텀프 워크가 전성기를 이루던 17세기 중반 이전에 이미 당시 유행하던 식물들을 버튼홀, 에센셜 스텀프 워크, 패딩과 금속실 자수 등을 이용해 수놓은 여성용 고급 장갑을 흔하게 볼 수 있었다. 엘리자베스 시대와 초기 스튜어트 시대에 사용하던 기법은 물론 작품의 모티브들이 스텀프 워크의 전형적인 모티브로 남게 되었다.

귀족층의 젊은 여성들은 스팟모티브와 밴드샘플러 위에 다양한 스티치를 연습했다. 그녀들은 작은 보석함이나 거울, 그림 등의 테두리를 장식하면서 스티치 패턴과 가능성을 실험하며 몇 년씩 작업에 매달렸다.

자수 전문가들은 전국 각지 귀족들의 집을 방문하며 스텀프 워크의 유행을 전파했다. 덕분에 젊은 귀족 여성들은 다양한 그림이 그려진 린넨이나 공단을 직접 보고 그릴 수도 있었으며, 자수에 붙일 모형 손과 과일도 살 수 있었다.

어떤 디자인이 고객의 눈을 사로잡을지 정확히 알고 있던 전문가들은 그 시대에 가장 유행하는 옷을 입고 있는 인물을 그려서 보여주며 젊은 여성들의 구매욕을 자극했다. 이러한 방식의 전파는 초창기 자수의 많은 역사적 작품에서 디자인과 모티브가 비슷비슷한 이유를 설명해주는 하나의 단초가 될 것이다.

스텀프 워크의 오브제는 디자인 측면에서 높은 수준의 상상력

▶ 무작위 스팟 샘플러, English School, 1630. 이 샘플러에는 다양한 레퍼토리의 스티치와 패턴이 들어 있다. 아일릿(Eyelet), 블리언 노트 스티치, 텐트 스티치가 실크와 금속실로 표현되어 있다. 수많은 젊은 여성에게 영감을 준 스텀프 워크 샘플러이다. (도싯 카운티 박물관Dorset Country Museum, 1917. 8. 2)

을 보여주는데, 주요한 모티브는 성경에 등장하는 이야기와 고전신화에서 따온 것이었다. 또한 타원형 장식 프레임 속에 넣은 격식을 갖춘 초상화도 인기를 끌었다. 주제가 무엇이든 배경에는 동물, 새, 곤충, 나무, 건물 등으로 생동감을 더했다. 이러한 요소들은 인물의 주변에 때로는 질서 있게 때로는 무질서하게 배치되어 공간을 아름답게 꾸몄다.

많은 자수들이 크기나 비율을 조절하지 않고 모티브를 그대로 가져다 썼는데 이는 오히려 환상적인 효과를 자아냈다. 내가 가장 좋아하는 작품은 17세기 것으로 입에 벌레를 문 채 지붕 위에 앉아 있는 새를 묘사한 작품이다. 새는 지붕만큼 크고 물고 있는 벌레는 심지어 창문이나 굴뚝보다 크다. 이런 모티브들은 대부분 책에서 고른 것인데, 당시에는 그런 책이 많았다. 식물, 동물 등 다양한 주제의 그림들을 모아놓은 패턴북들이 출간되어 팔려나갔다. 1630년에 출간된 토마스 존슨Thomas Johnson의《Beaste, Birds, Flowers, Fruits, Flies and Worms exactly drawne with their Lively Colours truly Described(생생한 색채로 사실적으로 묘사한 동물, 새, 꽃, 과일, 파리, 벌레 모음집)》도 그중 하나다.

스텀프 워크는 호화로운 오브제로 꾸미지만 다른 많은 장식예술처럼 형식적인 반복을 유지하지는 않는다. 회화적인 특성을 통해 자신만의 풍부한 상징성을 발전시켰는데, 이는 찰스 1세 처형 이후 왕정복고까지 혼란의 시대에 잘 드러난다. 이 시기의 작품을 보면 성경에 등장하는 남성 인물들은 물론 왕의 사자도 찰스 1세 또는 찰스 2세와 닮아 있다.

때로 자수 전문가들은 엠블럼이나 숨은 이미지를 통해 왕가의 대의에 대한 충성심을 표현하기도 했다. 쐐기벌레는 찰스 1세를 상징하는 것으로 여겨지며 나비, 참나무, 도토리는 찰스 2세를 상징하는 것으로 여겨진다.

이러한 상징은 더욱 확장되어 꽃과 과일, 새, 동물 등 다양하고 화려한 소재에 상징적인 의미를 부여해 이들 중에서 선택해 사용했다. 카네이션은 사랑을, 꿀벌은 근면함과 질서를 상징한다. 자수를 놓는 사람들은 대부분 각각의 소재가 지닌 의미를 알고 의식적으로 썼지만, 상징성보다는 그저 꽃잎의 곡선이나 달팽이의 껍질, 사자의 털이 좋다는 이유로 선택하는 경우도 많았다.

찰스 2세의 왕정복고 시대에는 이러한 상징적인 표현에 문학적인 의미가 더해졌다.

▼ 검은색 잉크로 그린 드로잉을 볼 때 솜씨 있는 전문가의 작품으로 여겨진다. 왼쪽 사진의 오른쪽 하단 부분을 확대한 것이다. (RSN 콜렉션 1420)

▶ 거울 테두리, 1690년대. 나지막한 언덕 위에 개별적인 이미지들이 아름답게 균형을 이루고 있다.

017

그의 아버지 찰스 1세는 솔로몬 왕으로 그려졌다. 솔로몬 왕과 시바 여왕의 결혼은 매우 대중적인 테마였는데, 이는 찰스 1세와 헨리에타 마리아의 결혼을 상징한다. 찰스 2세와 캐서린의 결혼도 상징적으로 표현되었다. 에스더와 아하수에르와 같은 구약성경의 인물들도 꾸준히 인기를 끌며 다양한 방식으로 변주되었다.

아마추어들의 작품은 상대적으로 거칠고 단순한 것부터 고도의 기술력을 요하는 것까지 다양했다. 스텀프 워크가 가장 인기 있었을 때는 아마추어든 전문가든 모두 정교한 작업을 선호했다. 보석함 안에는 대부분 움푹 파인 쟁반 위에 정원이 3차원으로 표현되어 있고 나무와 식물들이 당당하게 에워싸고 있다.

스텀프 워크의 인기는 17세기 말 서양적인 상상력이 섬세하고 화려한 동양의 매력에 묻히면서 시들해졌다. 스텀프 워크 스타일은 가구와 소품에 적용되는 디자인과 기법에 극적인 영향을 미쳤는데, 이러한 디자인들은 비율과 원근을 사용하는 방식이 매우 독창적이면서도 매력적인 경우가 많았다.

▲ 입체자수 보석함, English School, 1685년 이후. 수자직(satin-weave) 실크 위에 실크 실, 금속 끈, 왁스, 미카(mica), 양피지, 진주, 금속 펄, 금속 막대, 짚, 유리 비즈, 실크 선, 린넨 리본, 나무, 패딩 등이 사용되었다. 성서에서 겸손의 상징인 여장부 유디스가 적 홀로페르네스의 머리를 들고 있는 장면이 보석함의 한 면에 실려 있다. (도싯 카운티 박물관, 1955. 2. 9)

▲ 17세기 사진. 실크 새틴에 무작위로 도면을 넣었다. 실크 자수, 금속실 자수, 텐트 스티치 슬립, 실크 셔닐 푸시워크 기법 등이 사용되었다. (개인 소장)

Stumpwork

시작하기 전에

재료와 도구
Materials

스텀프 워크는 다양한 스티치 기법을 활용하기 때문에 비교적 많은 재료가 사용된다. 천, 자수틀, 바늘, 실, 가위 등 자수에 필요한 기본적인 재료뿐만 아니라 입체 자수와 패딩 효과를 내기 위해 필요한 준비물을 소개한다.

자수틀

사각틀(슬레이트)

사각틀은 전통적인 자수틀로 지금도 여전히 가장 많이 사용된다. 작업할 때 양손을 자유롭게 사용할 수 있기 때문에 일단 익숙해지면 스티치를 더 빨리 할 수 있다. 웨빙과 스트링을 이용해 천의 팽팽함 정도를 조절할 수 있어 탱탱한 스티치를 만들어낼 수 있다. 지지대와 세트로 구성되어 나오는 것도 있고, 지지대 없이 나오는 것도 있다. 작품이 20㎝가 넘으면 사각틀을 사용하는 것이 좋다.

▶ 지지대가 있는 61cm 크기의 사각틀. 확대경이나 램프를 부착해 사용할 수 있다. 아래쪽에 세워져 있는 것은 46cm 크기의 사각틀이다.

원형틀

원형틀도 다양한 크기로 나온다. 양손을 모두 사용해야 하는 경우에는 지지대를 부착할 수 있는 것을 사용하면 좋다. 개인적으로는 지름 15㎝의 원형틀이 가장 작업하기 편리하며 웬만한 작품은 이것 하나로 작업할 수 있다. 하지만 작품의 크기에 따라 더 크거나 작은 틀을 선택할 수 있다.

지름 20㎝ 이하의 자수 작업을 하는 경우에는 결합 못을 끼울 수 있는 25㎝의 원형틀을 사용하면 좋다. 결합 못을 끼운 원형틀은 스탠드나 탁자에 부착된 지지대에 고정할 수 있는데, 그러면 스티치를 놓을 때 양손을 자유롭게 사용할 수 있다. 작은 니들레이스나 와이어 작업을 할 때는 양손을 모두 사용해야 한다.

원형틀은 무명베로 감거나 바이어스 테이프로 감아서 두 개의 틀이 천을 팽팽하게 잡아주도록 한다. 천은 언제나 팽팽하게 고정되어야 하는데, 원형틀에서는 천이 쉽게 느슨해질 수 있기 때문에 작업 틈틈이 천의 상태를 확인하고 조여야 한다. 조임 나사를 돌려 천의 상태를 조절할 수 있다.

결합 못이 없는 작은 원형틀은 니들레이스나 슬립과 같은 스텀프 워크 기법을 구사할 때 반드시 필요한 장비이다.

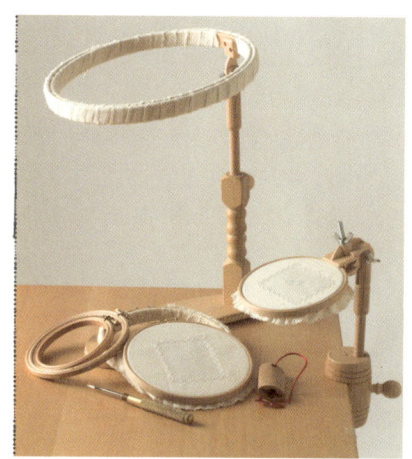

▶ 다양한 원형틀. 가장 큰 원형틀은 25cm로 스탠드에 부착되어 있다. 바닥에 놓고 앉아서 작업할 때 유용하다. 15cm 원형틀은 탁자에 부착된 지지대에 결합되어 있다. 조임쇠를 이용하여 자세를 바꿀 수 있다.

▼ 본문에서 설명한 천 외에도 다양한 천이 스텀프 워크에 사용된다. 예를 들면 원형틀에서 니들레이스를 할 때는 무명베로 뒷면을 보강해주어야 한다. 실크 오간자는 자수로 가득한 와이어 작품을 만들 때 기본 천으로 사용되며, 올이 가는 린넨이나 캔버스는 카운티드 텐트 스티치에 많이 사용된다. 특별히 선호하는 천이 있다면 자수에 적합한지 먼저 직접 테스트를 해보는 것도 방법이다.

전통적인 스텀프 워크는 아이보리색 실크나 수자직 실크, 평직 린넨에 수를 놓는다. 실크에 수를 놓을 경우에는 실크 배경을 그대로 남겨놓기도 하지만 금속 스팽글이나 깃털로 장식하기도 한다. 하지만 일반적으로는 레이드 워크 laid work, 실크 쉐이딩 silk shading, 버든 스티치 burden stitch와 같은 실크 워크 스티치로 배경을 장식한다. 일반적으로 린넨에 스텀프 워크를 할 때는 세밀한 텐트 스티치나 고블랭 필링 스티치와 같은 카운티드 워크 스티치로 가득 채운다.

중요한 것은 특별한 천을 사용해야 한다는 원칙은 없다는 점이다. 무거운 패딩이나 입체 작업을 할 수 있을 만큼 충분히 힘이 있는 천이라면 무엇이든 사용할 수 있다.

실

전통적으로 스텀프 워크에 사용되는 실은 플로스, 트위스트 실크, 금속실이다. 지금은 일반 면사, 펄 코튼, 털실 등 다양한 실을 쉽게 구입할 수 있기에 원하는 대로 멋진 표현을 구사할 수 있다. 좋은 실을 찾는 요령은 샘플 작업을 통해 직접 수를 놓아보고 만족할 만한 결과가 나오는지 실험해보는 것이다.

실크 리본

실크 리본은 어떤 작업에도 훌륭하게 응용할 수 있는 매우 멋진 소재다. 스트레이트 스티치로 나뭇잎이나 꽃잎을 표현하며 천의 표면을 고리처럼 만들 수도 있고, 커다란 비즈를 두르면 표면의 아름다운 광택으로 멋진 효과를 낼 수도 있다.

17세기에는 사진이나 초상화를 감싸는 틀을 장식하거나 보석함이나 거울 테두리를 장식할 때 금속으로 만든 보빈레이스 리본을 자주 사용했다. 아쉽게도 이 정교한 리본은 오늘날 가격도 비쌀 뿐만 아니라 구하기도 힘들어졌다. 하지만 실크 리본이 그 역할을 부족함 없이 대신해주고 있다.

▶ 스텀프 워크에는 어떤 실이든 사용할 수 있지만, 가장 적합한 실을 소개하면 다음과 같다. 스탠다드 코튼, 레이온 기계사, 폴리에스테르 기계사, 고급 반투명 실, 펄 코튼, 순수 실크 자수 실, 꽃실, 실크 코드, 실크 리본 등이다.

◀ 스텀프 워크에 많이 사용되는 금속실. 일본 실, 플레이트, 스무스 펄(smooth purl), 브라이트 체크(bright check), 펄 펄(pearl purl), 스팽글

실크 코드

가는 실크 코드는 17세기에 가장 인기 있던 재료 중 하나로, 당시 작품에서는 거의 빠지지 않았다. 반짝이고 부드러운 실크 코드는 실 하나로 꿰어 고정했는데, 이것은 모티브의 외곽선을 잡을 때는 물론, 나무 기둥이나 동물 전체처럼 넓은 면을 채울 때도 유용하게 사용되었다. 실크 코드는 대개 색실에 의해 가려지는 경우가 많다. 17세기에 주로 사용되었던 실크 코드는 오늘날 구하기 어렵다. 요즘 판매되는 실크 코드는 다소 두꺼운데 이것으로도 다양한 스텀프 워크 디자인을 표현해낼 수 있다.

금속실과 와이어

전통적으로 스텀프 워크 금속실은 유색 실크에 은이나 금속을 입힌 것이다. 금속실로는 일본 실, 스팽글, 스무스 펄, 브라이트 체크 펄, 플레이트, 리제린 와이어 등이 있다. 전통적인 금속실과 와이어는 여전히 자수 전문점에서 구할 수 있으며, 색실은 훨씬 다양해졌다. 금속실은 과거나 지금이나 창의적인 방식으로 사용되는 소재다. 전통적인 스텀프 워크를 보면 금속실을 언제 어떻게 사용해야 한다는 특별한 규칙은 없다는 것을 알 수 있다.

바늘

바늘은 기법과 사용하는 실에 따라 달라진다. 스텀프 워크에서 사용되는 기법과 실은 매우 다양하기 때문에 바늘도 그만큼 다양하게 필요하다. 바늘은 크기를 숫자로 표시하는데 숫자가 커질수록 바늘의 크기는 작아진다.

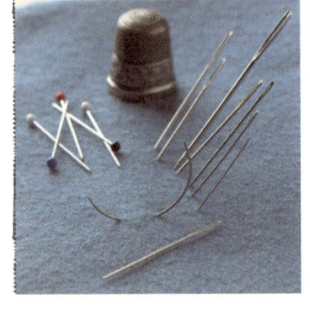

▶ 스텀프 워크는 기법에 따라 사용하는 바늘도 다르다.

자수/뜨개바늘

자수/뜨개바늘은 가늘고 끝이 뾰족하다. 작은 바늘귀는 실을 잘 잡아준다. 10번과 12번은 가는 실크나 면과 같이 정교한 작업을 할 때 적합하다. 이 바늘들이 바느질하기에 너무 작다고 느껴지면 9번을 사용하면 좋다. 니들레이스나 얼굴처럼 바탕 천에 다양한 슬립을 만들 때는 가능한 한 가장 가는 바늘을 사용하는 것이 좋다. 펄 코튼이나 몇 가닥을 꼰 코튼처럼 다소 두꺼운 실을 사용할 경우에는 9번이나 7번이 좋다.

셔닐 바늘

셔닐바늘은 자수/뜨개바늘보다 더 길고 두껍다. 여러 가닥을 꼰 무거운 실을 사용하기 때문에 바늘귀도 훨씬 크다. 24번과 22번은 두꺼운 펄코튼 실이나 털실을 사용할 때 매우 유용하다. 경험상 일본 금속실이나 실크 코드, 카우치된 실 여러 가닥을 꿸 때는 셔닐 바늘 20번이 가장 적합하다.

태피스트리 바늘

태피스트리 바늘은 바늘귀가 크고 끝이 뭉툭하다. 뭉툭한 끝은 실을 엮을 때 매우 좋아 우븐 휠스나 텐트 스티치 슬립과 같은 스티치를 할 때 적합하다. 레이스를 뜰 때도 가는 태피스트리 바늘을 많이 사용하는데, 이만큼 실을 엮는 데 편한 바늘이 없기 때문이다.

비딩 바늘

비딩 바늘은 가늘고 길어서 비즈나 진주를 길게 엮을 때 매우 좋다. 하지만 나는 비즈를 꿸 때 비딩 바늘보다는 짧아서 다루기 쉬운 자수/뜨개바늘 12번과 10번을 애용한다.

▲ 스텀프 워크에 사용되는 패딩재료들과 페인트, 와이어

그 밖의 재료들

- **원단용 페인트** 원단용 페인트나 수채화 페인트를 이용해 배경을 칠하거나 작품을 선명하게 만들 수 있다.
- **패딩 재료** 코튼 펠트, 부드러운 양모, 펠멧 빌렌스, 코튼 스트링, 울 등이 사용된다.
- **와이어** 종이를 감은 가는 조화용 와이어는 매우 유용하다. 와이어를 실로 감싸 손이나 곤충의 더듬이 같은 모양을 만들 수 있으며, 천의 가장자리나 단춧구멍 모양을 만들 때도 유용하다.
- **종이카드** 종이카드에 실을 감은 뒤 카드를 접어 스티치를 하고 종이를 빼면 실로 고리를 만드는 효과를 낼 수 있다. 또한 천을 보강하기 위해 종이카드나 양피지를 뒤에 덧붙이고 수를 놓기도 한다.
- **가죽** 가늘고 부드러운 가죽을 잘라 구멍을 뚫어가며 촘촘히 스티치 할 수 있다. 가죽은 인물을 수놓을 때 유용한 재료로 부츠, 신발, 커프스, 벨트 등을 표현하기 좋다.
- **진주알** 전통적으로 진주는 목걸이, 팔찌, 단추 등 인물을 장식할 때 주로 사용되었지만 오늘날에는 더욱 다양하게 활용할 수 있다.
- **나무 비즈** 크기가 다양하며 실이나 리본으로 쉽게 감쌀 수 있다.
- **유리 비즈** 패딩을 넣은 슬립 등 스텀프 워크의 다양한 부분에 장식용으로 사용된다.
- **운모/시샤미러** 운모 Mica는 전통적으로 성의 창문을 표현할 때 주로 사용했지만 지금은 찾아보기 힘들다. 대신 오늘날에는 인디언 시샤 미러 Shisha mirror를 사용한다.
- **그 밖의 사물들** 작은 소재라면 무엇이든 스티치 하거나 접착제로 붙여 기발한 작품을 만들어낼 수 있다. 방울 종, 비즈, 조개껍질 등 무엇이든 개인의 취향에 따라 활용할 수 있다.

▶ 비즈, 깃털, 가죽, 조개껍질, 오래된 단추, 그 밖에 스텀프 워크에 사용할 수 있는 사물들

기본적인 자수 키트

- □ **자수용 가위** 바탕천에 가까이 대고 실을 잘라 깔끔한 마무리를 위해서는 끝이 날카롭고 잘 드는 가위가 필요하다. 금속실, 펠트, 펠멧 빌렌스와 같은 두꺼운 재료를 자를 때도 자수용 가위는 유용하다.

- □ **원단용 가위** 어느 정도 크기 이상의 천을 자를 때 유용하다.

- □ **종이용 가위** 트레이싱 페이퍼나 종이카드를 자를 때 유용하다.

- □ **캘리코 스트립/바이어스 테이프** 원형틀의 테두리를 감싸거나 고정한다.

- □ **줄자** 사각틀에서 웨빙webbing(틀에 덧대어진 천)의 중심을 찾거나 바탕천의 치수를 측정할 때 사용한다.

- □ **시침핀** 사각틀을 짤 때 여러 용도로 사용된다. 천이나 니들레이스 슬립을 고정할 때 유용하며 입체 스티치를 할 때도 유용하다.

- □ **버튼홀 실** 사각틀을 짤 때 두 장의 천을 함께 스티치 해야 할 때 필요하다.

- □ **코튼 웨빙** 사각틀에 바탕천을 끼울 때 모서리를 꿰매는 용도로 쓰인다.

- □ **브레이싱 바늘** 스트링처럼 아주 두꺼운 실을 꿸 때 사용하는 두껍고 길며 바늘귀가 큰 바늘이다. 사각틀 프레임을 짤 때나 가죽을 스트링으로 꿸 때 유용하다.

- □ **코튼 스트링** 브레이싱 니들에 꿰어 웨빙 모서리와 사각틀의 옆면 기둥을 2.5㎝ 간격으로 균일하게 엮을 때 사용한다.

- □ **트레이싱 페이퍼** 스텀프 워크의 최종 디자인은 트레이싱 페이퍼에 그린다. 여기에 그린 그림을 펠트나 펠멧 빌렌스 같은 패딩 재료나 천 위에 철필로 찔러 표시할 수도 있고, 돌출된 버튼홀 형태를 만들어낼 수도 있다.

- □ **철필** 바늘에 부착해 사용한다. 트레이싱 페이퍼에 그려진 디자인의 외곽선을 찔러 천에 표시한다.

- □ **연필** 트레이싱 페이퍼에 도안을 그릴 때는 단단한 연필이 좋다(2H나 3H).

- □ **파운스**Pounce(색가루) 절굿공이나 분쇄기를 이용해 목탄이나 갑오징어를 갈아 미세한 분말로 만든다. 목탄 분말과 갑오징어 분말을 섞으면 회색 분말이 나오는데 아주 유용하게 사용할 수 있다.

- □ **수용성 파란 잉크** 17세기에는 스텀프 워크 디자인을 검은 잉크로 그렸지만, 오늘날에는 물을 살짝 묻혀 깨끗하게 지울 수 있는 수용성 잉크가 있어 매우 편리하다. 최대한 얇은 펜촉으로 그려야 좋은 결과를 얻을 수 있다.

- □ **작은 붓** 천 위에 도면을 다 그린 후 남은 파운스를 털어낼 때 사용한다.

- □ **확대경** 자수틀이나 작업대에 고정해놓고 사용하는 확대경은 버튼홀과 같은 미세한 스티치 작업을 할 때 매우 유용하다.

- □ **중성지** 작업을 하지 않을 때 작품을 덮어놓거나 자수의 일부를 가리고 작업할 때 편리하다.

- □ **골무** 자수 작업을 할 때 나는 항상 가운데 손가락에 골무를 끼는데, 특히 두꺼운 패딩 작업을 할 때는 반

드시 꺼야 한다.

☐ **드라이버** 원형틀의 나사를 조이거나 풀 때 사용한다.

☐ **끝이 뾰족한 핀셋** 스티치를 조정할 때, 펠트 패딩이나 슬립에 솜뭉치를 넣을 때 유용하다.

☐ **펜치** 와이어의 날카로운 부분을 자르거나 빽빽한 패드 사이에 꽉 낀 바늘이나 실을 잡아당길 때 유용하다.

☐ **외과용 메스** 인물상의 코와 같은 작은 나뭇조각을 다듬을 때 유용하다.

☐ **유리칼** 광물이나 시샤 미러를 사각형 창문용으로 작게 자를 때 유용하다.

☐ **페인트 붓** 중간 크기의 페인트 붓은 원단용 페인트로 배경을 칠할 때 유용하고, 작은 크기의 붓(사이즈 000)은 실로 만든 곱슬머리를 물로 희석한 접착제로 코팅하거나 니들레이스 슬립을 붙일 때 유용하다.

☐ **수성 접착제** 다양한 기법을 구사하다 보면 이 제품이 필요할 때가 온다. 소량을 항상 물로 희석해서 사용해야 한다는 점을 명심하라.

☐ **양면테이프** 빌렌스나 종이카드 뒤에 붙여 실이나 재료를 고정할 때 사용한다.

☐ **매직테이프** 보풀을 제거하거나 프레임 뒤로 실을 고정할 때 유용하다.

▼ 스텀프 워크에 필요한 기본적인 재료들

자수틀 짜기

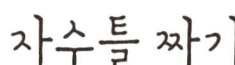

사각틀은 천을 웨빙으로 연결하는 롤러 2개와 롤러를 못이나 분할 핀으로 고정하는 스트레처 2개, 총 4개의 나무막대로 이루어진다. 천을 반듯하게 끼우려면 처음 사용할 때 롤러에 가운데 지점을 표시해놓는 것이 좋다.

1. 양쪽 끝에 있는 스트레처 구멍 사이의 길이를 재어 정중앙 지점을 롤러의 안쪽 면에 연필로 표시한다.
2. 사각틀에 천을 부착하기 전에 천의 물결이 오른쪽으로 상승하는지 먼저 확인해야 한다. 사진에서 보는 것처럼 천의 대각선 라인에서 왼쪽에서 오른쪽으로 올라가야 한다.
3. 천의 위아래를 롤러에 먼저 붙인다. 사진에서 보는 것처럼 천의 결을 따라 아래 끝단을 1.5cm정도 밑으로 접는다. 위 끝단도 접는다.
4. 접어놓은 윗단의 중앙을 찾아 시침핀으로 표시한다. 상단 중앙 지점에서 천의 결을 따라 내려와 하단의 중앙도 시침핀을 표시한다. (천을 결대로 자르지 않았을 경우, 이 지점은 하단의 정중앙이 아닐 수도 있다). 이 두 지점을 연결하는 선을 작품의 중심선으로 삼으면 된다.

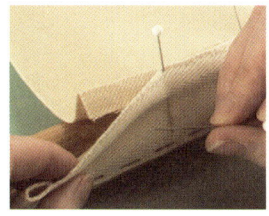

5. 롤러에 표시한 중앙 지점과 천의 중앙을 맞추고 중앙부터 바깥쪽으로 시침핀을 꽂아나간다. 1.5㎝ 폭으로 접은 끝단과 웨빙을 바늘로 찔러 연결한다(작은 사진 참조).

6. 5번 바늘에 버튼홀 실을 꿰어 꿰맨 뒤 매듭을 짓는다. 중앙부터 왼쪽으로 시침핀을 제거해가면서 웨빙과 천을 바늘로 꿰맨 뒤, 매듭은 웨빙과 천 사이 틈으로 숨긴다.
7. 웨빙과 천을 스티치하고 매듭이 풀리지 않게 작은 X자 모양이 되도록 교차하여 휘감친다(작은 사진 참조). 웨빙과 천을 3~5㎜ 간격으로 길고 짧은 스티치를 하기 위해서는 팽팽하게 잡아당겨야 한다. 시침핀을 뺄 때마다 천이 매끄럽고 팽팽하게 유지되는지 확인하면서 작업한다.

8. 천의 끝부분에 도달하면 사진처럼 2.5㎝ 정도 반대 방향으로 바늘을 빼 촘촘한 스태브 스티치 두 번으로 마무리 지으며 스티치를 고정한다.
9. 실을 자르고 다시 중앙으로 돌아가 오른쪽 방향도 같은 작업을 반복한다. 반대쪽 롤러도 똑같은 과정으로 반복한다.

Tip 스트레처에 롤러를 끼우기 전에 천을 얼마나 감을 것인지 결정해야 한다. 그렇게 해야 스티치 할 때 작품에 좀 더 가까이 다가가 작업할 수 있다. 여기서는 자수틀과 캔버스가 작기 때문에 천을 조금만 감았다.

10. 롤러의 끝을 스트레처에 끼우고 못이나 분할 핀을 사용해 롤러가 평행이 되도록 고정한다. 천이 팽팽해지도록 적절한 스트레처의 구멍을 찾는다.

11. 롤러 사이의 간격을 대충 측정한 후 코튼 웨빙 테이프를 길이에 맞게 잘라 2개 준비한다. 양쪽 천 끝단에 코튼 웨빙 테이프를 붙인다. 천의 2/3 지점과 1/3 지점에 시침핀을 꽂고(작은 사진 참조), 버튼홀 실로 시침질 하여 임시로 표시한다.

12. 브레이싱 니들에 실을 끼운다. 바늘의 뾰족한 끝으로 늘어진 코튼 웨빙 테이프를 아래 방향으로 꿰어 적당한 길이로 잡아당긴다. 브레이싱 니들을 이용해 2.5cm 간격으로 스트레처를 휘감는다.

032

13. 실을 적당한 길이만큼 남기고 자른다.

14. 가운데부터 코튼 테이프의 끈을 팽팽하게 잡아당겨 묶는다. 한쪽이 끝나면 살짝 묶어놓고 다른 쪽을 당겨 묶는다. 천이 한쪽으로 쏠리지 않도록 천천히 세심하게 작업한다. 중심이 쏠리면 매듭을 풀거나 당겨 조절하며 다시 고정한다.

15. 마지막으로 사각틀을 바닥에 세우고 아래쪽 롤러를 발로 밟아 천을 최대한 당긴다. 그러고 나서 못으로 스트레처를 다시 고정한다.

▶ 팽팽하게 당긴 사각틀. 스텀프 워크 작업 준비 끝

스텀프 워크 디자인
Stumpwork design

스텀프 워크 디자인은 기법보다는 독특함이 훨씬 강조된다. 오늘날 스텀프 워크가 다시 주목받은 것도 바로 독특한 디자인 때문이다. 17세기의 디자인은 다양한 대상을 비율에 맞지 않게 표현했다. 꽃이 개만큼 크기도 하고, 나비나 사자가 성의 크기와 비슷하게 표현되었다. 이러한 비상식적인 비율은 의도했든 의도하지 않았든, 단순히 비현실적인 묘사라기보다는 상상력과 장난스러움의 세계로 빠져들게 한다.

물론 오늘날에도 이러한 접근 방식을 활용할 수 있지만, 17세기의 작품은 당시 젊은 여성들이 살았던 스튜어트 왕조의 시대를 반영한 것이라는 사실을 명심해야 한다. 지금 우리가 현대적인 작품을 만들고자 한다면, 새롭고 현시대에 맞는 이미지를 디자인해야 한다.

스텀프 워크의 디자인은 크게 3가지 특성으로 묶을 수 있는데, 이는 오늘날 디자인에서도 유용하게 활용할 수 있다.

▼ 9쪽에서 잠깐 보았던 이 작품은 작가가 좋아하는 소재, 이미지, 아이디어로 '메모판'을 아름답게 표현했다. 이 작품은 지극히 현대적인 감각을 유지하면서도 17세기에 유행했던 '흩뜨려놓은 이미지'라는 전통을 충실히 따르고 있다.

흩어져 있는 거울상 이미지

이 디자인은 아무렇게나 혹은 질서 있게 천 위에 흩어져 있는 단일한 이미지나 작은 장면들의 샘플러와 같이 취급된다. 19쪽 사진이 대표적인 예라 할 수 있다. 비슷한 모양이나 비율을 가진 이미지들은 대개 하나의 디자인을 뒤집어 만든 거울상이다. 이러한 이미지들 중에는 공중에 둥둥 떠 있는 것도 있지만 작은 언덕 위에 자리 잡고 있는 것도 있다. 특히 언덕 위에 수를 놓는 것은 특별한 의미를 담고자 하는 사건이나 캐릭터를 표현하는 유용한 장치로 사용된다. 17쪽 사진은 전통적인 디자인의 전형을, 41쪽 사진은 현대적인 이미지의 전형을 보여준다.

🌿 인물을 에워싼 작은 이미지들

인물상이나 커다란 자화상을 자잘한 이미지들이나 작은 장면들이 에워싸는 것이다. 아래의 보석함 뚜껑이 좋은 예다.

🌿 스토리가 있는 이미지

이야기를 묘사한 하나의 장면이나 사건의 흐름을 표현한다. 이런 디자인은 보석함 옆면에서 주로 찾아볼 수 있다. 다른 디자인에 비해 원근법이 훨씬 사실적으로 표현되지만, 여전히 비현실적인 배치와 묘사로 인해 스텀프 워크를 더욱 독특한 작품으로 만들어준다.

▲ 입체자수가 들어간 보석함, English school, 1685년 이후. 보석함의 뚜껑은 작은 이미지들이 중심인물을 에워싸고 있는 반면, 옆면은 스토리를 담은 이미지라는 것을 분명히 알 수 있다. 18쪽의 보석함을 펼쳐놓은 것이다. (도셋 카운티 박물관, 1955. 2. 9)

천 위에 디자인 넣기

올 방향이 곧게 오도록 틀에 부착한 천 정중앙에 수직으로 중앙선을 긋는다. 이제 작업할 준비가 모두 끝났다.

1. 천의 상단 가로 길이를 잰 뒤 정중앙에 시침핀을 꽂는다. 시침핀에 실을 몇 번 감은 뒤 바닥으로 떨어뜨린다. 아래쪽에도 시침핀을 꽂고 마찬가지로 실을 감는다. 이렇게 천의 중앙 세로선을 표시한다.

> **Note.**
> 가로선도 표시하고 싶을지 모르지만 그다지 필요하지 않다.

중앙선이 표시된 천 위에 커다란 트레이싱 페이퍼를 깔고 최종 디자인을 그린다. 이것을 템플릿이라고 한다. 디자인을 천에 옮기는 방법은 두 가지가 있다. 철필로 찔러 표시하거나 겹쳐 그리는 것이다. 철필 작업은 천에 직접 수를 놓는 평면 스티치의 영역이나 외곽선을 표시할 때 사용된다. 또한 입체 스티치의 특정 부분이나 패딩을 넣을 곳을 표시할 때도 사용된다.

템플릿을 사용하면 천에 불필요한 선을 그릴 필요가 없다. 입체 스티치와 같은 것은 천에서 떨어져 표현되기 때문에 선이 모두 가려지지 않는다. 천에서 튀어나와 표현되는 요소들은 모양도 제각각이라 눈으로 익히거나 템플릿을 사용하는 것이 가장 좋다.

철필 작업

2. 천에 옮기고 싶은 디자인부터 그려나간다. 중앙 수직선을 표시하고, 원한다면 중앙 수평선도 표시한다. 이 선들은 철필로 천에 표시하지 않고 가이드라인으로만 사용한다. 트레이싱 페이퍼를 펠트 위에 놓고 천에 옮기고 싶은 그림의 외곽선을 철필로 찔러 구멍을 낸다. 철필은 직각으로 잡고 대략 2~3mm 간격으로 바늘구멍을 낸다.

> **Note.**
> 철필로 표시하는 작업은 자수 단계별로 여러 차례에 걸쳐 표시한다. 제일 처음 작업해야 하는 부분을 먼저 표시한다. 예컨대 아플리케 작업 영역이나 패딩 작업을 해야 하는 부분은 하나의 레이어로 구분해서 표시할 수 있다.

파운싱

밝은 천을 사용할 때는 갑오징어와 목탄을 갈아서 혼합한 회색 파운스를 이용한다. 어두운 천을 사용할 때는 갑오징어만 갈아서 만든 밝은 색 파운스를 쓰면 유용하다.

3. 천과 트레이싱 페이퍼의 중앙선을 먼저 맞춘 후 시침핀을 꽂아 고정한다. 펠트를 접어 한쪽 끝에 파운스를 묻힌 후 철필로 구멍 낸 부분을 문지른다.
4. 트레이싱 페이퍼를 떼 내고 입으로 살짝 불어 천에 묻어 있는 파운싱을 날린다. 그런 다음 파란색 수용성 펜으로 희미하게 파운스 가루가 남아 있는 외곽선을 따라 그림을 그린다.

천에 색칠하기

스탬프 워크에 색칠을 하는 것은 17세기부터 줄곧 사용되어 온 기법이다. 전통적으로 파란 하늘이나 얼굴처럼 작은 면적에만 수채물감을 사용했는데, 지금은 훨씬 넓은 면적에도 색을 칠해서 표현하는 경우가 많다. 개인적으로 나는 넓을 면적을 색칠하는 것보다는 제한된 영역에만 색칠해 자수 기법을 돋보이게 해주는 전통적인 방식을 선호한다.

스티치를 하기 전에 색칠을 미리 하는 것이 좋다. 그 전에 자투리 천에 먼저 테스트해보는 것이 좋다. 때로는 원단용 페인트를 흡수하지 않는 합성섬유도 있으며, 수채물감을 칠하면 천이 딱딱해지는 경우도 있기 때문이다.

5. 필요하다면 템플릿을 사용해 색칠할 곳의 가장자리를 살짝 표시한 후, 중간 크기의 붓으로 물을 묻히지 않고 물감을 바른다. 깊은 색감을 표현하고 싶다면 몇 번 덧칠해야 한다.

Stumpwork

스티치
Stitches

본격적으로 스템프 워크 작업에 들어가기 전에 여러 가지 실로 다양한 크기의 무늬를 스티치 하며 실험해 본다. 모양의 크기, 실의 두께에 따라 스티치의 효과는 크게 달라진다.

▲ 다양한 종류의 버튼홀과 우븐
　피콧을 수놓은 샘플러(58-59쪽, 64-65쪽 참조)

▲ 이 책에서 설명하는 스티치만으로 완성한 작품이다. 설명을 따라 차근차근 따라하다 보면 이와 비슷한 결과물을 얻을 수 있을 것이다.

아플리케
Appliqué

　아플리케는 스텀프 워크에서 가장 많이 사용하는 기법으로 그 종류가 매우 다양하다. 촘촘한 스태브 스티치를 이용해 온갖 슬립과 니들레이스를 천에 부착할 수 있고, 디자인보다 살짝 크게 잘라서 끝단을 안쪽에서 꿰매 접는 경우도 있다. 두 방법 모두 뒤에서 소개할 것이다.

　본다웹Bondawb처럼 다림질로 녹여 붙일 수 있는 재료는 제 위치에 붙이기 전에 천의 뒷면에 대고 녹여야 한다. 테두리를 스티치로 둘러주면 다림질로 붙인 천을 더 완벽하게 고정할 수 있다. 이 기법은 아래에서 설명할 예정이다.

　평면 아플리케는 스티치 작업을 하기 전에 먼저 바탕천에 모두 부착해야 한다. 슬립이나 니들레이스 코르도네Cordonnets와 같은 아플리케는 스티치가 모두 끝난 뒤 부착한다.

　바탕천에 아플리케 작업을 하기 전에 언제나 천의 결을 고려해야 한다. 일반적으로 천의 결을 맞춰서 부착하지만, 변화를 주고자 한다면(사람의 얼굴이나 목을 표현할 때) 천의 결을 엇갈리게 잘라 쓰기도 한다. 먼저 최종 아플리케 형태보다 2.5㎝ 정도 더 크게 자른다. 필요하다면 다림질도 한다

▶ 오른쪽 사진은 본다웹으로 아플리케를 천에 눌러 붙였다. 새는 패딩을 하기 전 스태브 스티치로 바탕천에 아플리케했고, 그 위에 카우칭 스티치를 놓았다.

 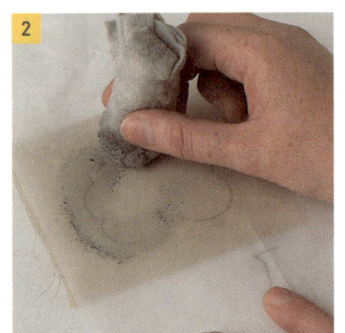 

1. 본다웹과 같은 접착력이 있는 부직포 조각을 천 둘레보다 1㎝ 정도 작게 자른다. 티슈페이퍼 위에 천을 깔고 그 위에 본다웹을 올린 후 뜨겁게 달궈진 다리미로 다림질한다.
2. 아플리케 그림 모양을 철필로 표시하고 파운스로 천에 이미지를 옮긴다.
3. 파운스로 표시된 외곽선을 파란 수용성 펜으로 그린다.

4. 선을 따라 자른다.
5. 바탕천에 템플릿을 붙이고 한두 개의 시침핀으로 고정한다. 본다웹의 접착면 보호지를 벗겨내고 템플릿 밑으로 아플리케를 디자인에 맞춰 붙인다. 템플릿을 치우고 티슈페이퍼를 한 장 깔아 아플리케를 다림질한다.

아플리케 표면에 스티치할 선 그리기

평면 아플리케도 부착하고 천에 색칠까지 모두 끝나면, 이제 평면 스티치를 해야 하는 영역이 다른 작업 영역보다 아래에 놓일 것이다.

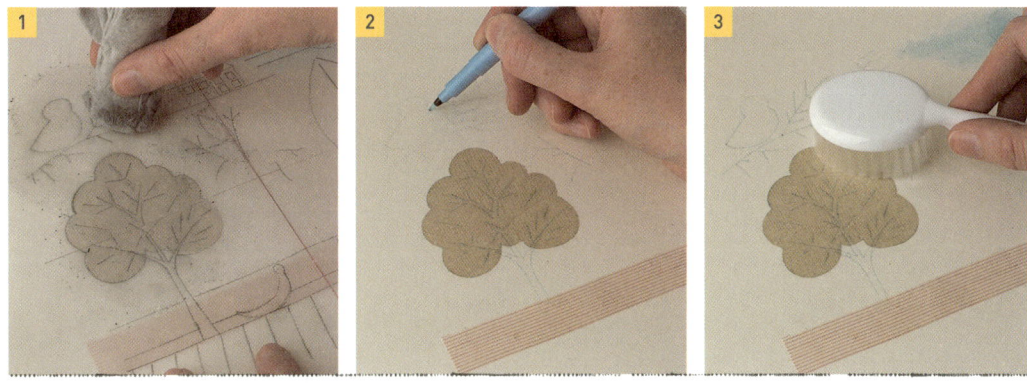

1. 천에 평면으로 작업할 요소들을 철필로 표시한다. 앞에서 설명한 방식으로 바탕천에 옮긴다.
2. 트레이싱 페이퍼와 중앙 기준선을 제거한 뒤 가는 파란 수용성 펜으로 외곽선을 그린다.
3. 부드러운 솔로 남은 파운스를 털어낸다.

평면 스티치
Flat Surface Stitches

바탕천에 평면 스티치를 먼저 작업해야 그 위에 패딩이나 입체 자수 같은 작업을 진행할 수 있다. 평면 스티치 중에서도 돌출된 효과를 내고자 하는 부분이 있다면 그곳을 먼저 스티치 한다. 그렇게 하면 튀어나오거나 뒤로 들어가 있는 듯한 입체적인 표현을 할 수 있다.

스타팅 스티치

스타팅 스티치를 사용하면 실매듭을 잘라낼 수 있기 때문에 튼튼하고 매끄러운 작품을 만들 수 있다. 이 스티치는 바느질의 처음과 끝에 언제나 들어간다.

Tip 자수를 시작할 지점과 가까운 곳에서 스타팅 스티치를 시작한다. 그래야 이후 스티치를 하면서 감출 수 있다. 특별한 지시가 없는 한, 이 책에 나오는 자수는 모두 스타팅 스티치로 시작하고 끝맺는다.

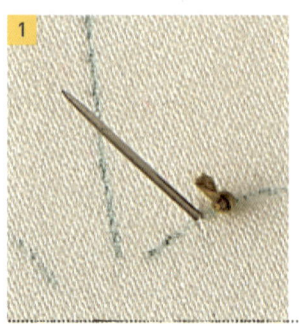  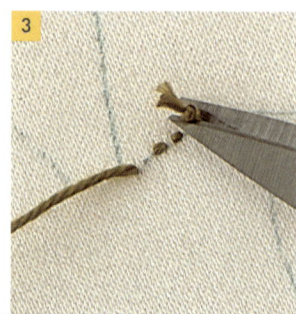

1. 실 끝을 묶고 위에서 아래로 바늘을 찔러 실을 끝까지 빼낸다. 스티치로 감출 수 있는 지점에서 (스티치가 지나갈 선이나 스티치로 채울 부분에) 다시 바늘을 아래에서 위로 빼낸다.
2. 실을 끝까지 당긴 후 바로 옆에 스티치를 두 번 작게 놓는다.
3. 자수를 시작할 지점에서 바늘을 아래에서 위로 꽂아 실을 끝까지 당긴다. 실 끝을 묶은 매듭을 바짝 자른다.

피니싱 스티치

1. 나중에 스티치로 가릴 수 있는 곳에 작은 스티치 2땀을 놓는다. 바늘을 아래에서 위로 꽂고 실을 끝까지 당긴 다음 실을 바짝 잘라낸다.

러닝 스티치

러닝 스티치는 단순한 스티치다. 한 줄로 길게 스티치 할 수도 있고(싱글 러닝 스티치), 한 줄 스티치를 하고 나서 바늘땀 사이로 다시 한 번 스티치를 놓을 수도 있다(더블 러닝 스티치 또는 홀바인 스티치). 단순한 스티치 기법으로 어떠한 바늘과 실로도 가능하다. 아래의 예시는 9번 자수바늘과 펄 코튼 실을 사용했다.

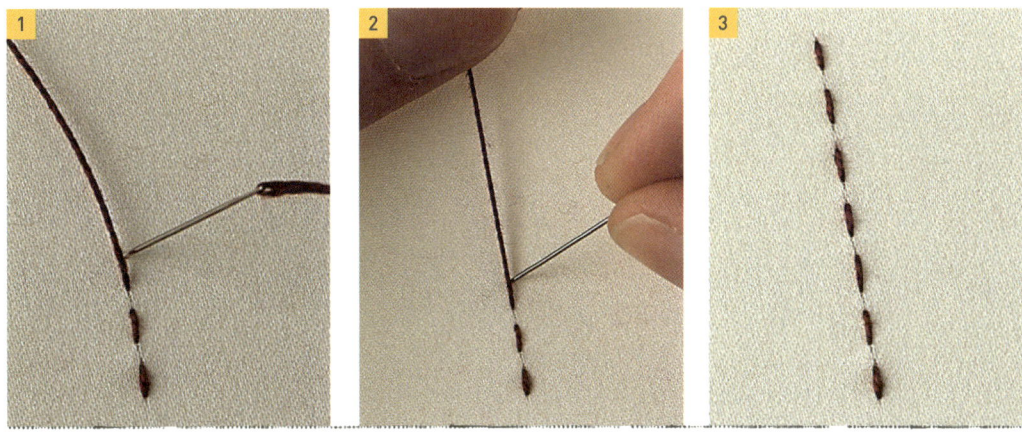

1. 스타팅 스티치를 한 뒤 그 위에 한 땀을 놓아 스타팅 스티치를 가린다. 줄에 맞춰 일정한 간격과 길이로 스티치를 놓는다.
2. 스티치를 할 때마다 실을 팽팽하게 당겨 가이드라인과 일치시킨 다음, 바늘을 넣을 정확한 위치를 찾는다.
3. 선을 따라 일정한 간격으로 스티치를 계속 해나간다.

▶ 단순한 러닝 스티치를 놓아 스트라이프 패턴을 돋보이게 만들었다.

스템 스티치

스템 스티치는 외곽선을 표현할 때, 가늘거나 두꺼운 실을 꿰어 공간을 채울 때 등에 사용된다. 스템 스티치를 촘촘하고 균일하게 떠 나가면 어떠한 선이나 곡선도 정확하게 표현할 수 있다.

스템 스티치는 실을 바늘 밑에 두고서 밑에서 위쪽으로 작업하며, 항상 바늘의 아래쪽에 루프를 만들며 스티치 한다. 루프를 위쪽으로 만들면 약간 다른 효과가 나온다(이것은 스템 스티치가 아닌 아웃라인 스티치라고 한다). 실과 바늘의 종류는 상관없지만, 바늘 끝이 자수용 바늘이나 셔닐 바늘처럼 뾰족해야 한다.

 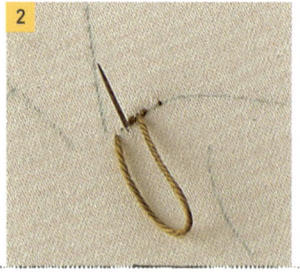 

1. 44쪽에서 설명했듯이 스타팅 스티치 위에 약 4mm 정도 첫 땀을 뜬다.
2. 실을 잡아당겨 루프를 만든다. 스티치의 가운데 지점에 바늘을 꽂아 위로 빼낸다.
3. 실을 끝까지 잡아당긴 다음 첫 땀과 같은 크기의 스티치를 또 만든다.

Tip 스템 스티치를 할 때는 항상 루프가 바늘의 아래쪽에 오게 하고, 밑에서 위쪽으로 작업해나간다.

Note.
스티치가 끝난 지점에서 다른 스티치의 시작점의 거리가 4cm가 넘으면 피니싱 스티치로 마무리하고 새로 시작하는 것이 좋다.

4. 2번과 마찬가지로 스티치의 가운데 지점, 즉 첫 스티치의 끝 지점에 바늘을 꽂아 빼낸다.
5. 실을 끝까지 잡아당긴다. 지금까지의 작업을 반복한다. 새로운 스티치를 만들 때는 천 뒤로 실을 옮겨 다시 시작하면 된다. 마무리는 44쪽에서 설명한 피니싱 스티치를 활용한다.

아웃라인 스티치

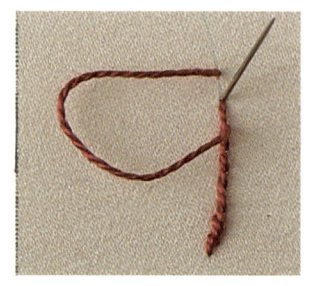

스템 스티치와 비슷한 아웃라인 스티치는 정해진 영역을 채우고자 할 때 외곽선을 표시해주는 역할을 한다. 아웃라인 스티치는 스템 스티치와는 반대로 위쪽에 루프를 만들어 밑에서 위쪽으로 작업해간다. 이렇게 하면 스티치로 채워진 부분을 더 잘 감싸 안을 수 있다.

백 스티치

작고 규칙적인 백 스티치는 선을 따라 앞뒤로 왔다 갔다 하며 연속적인 선을 만든다. 다른 실로 휘감거나 천에 실크 리본을 달 때 사용한다.

스플릿 스티치 Split stitch 는 백 스티치의 일종으로 마지막 스티치를 갈라 바늘을 꿰어 올려 체인과 비슷한 효과를 만들어낸다. 스플릿 스티치는 아웃라인 스티치, 필링 스티치에 주로 사용되거나 또는 새틴 스티치나 실크 쉐이딩을 위한 베이스로 이용되기도 한다.

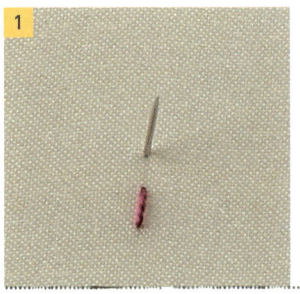 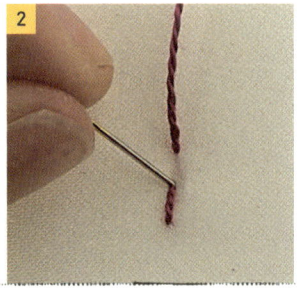 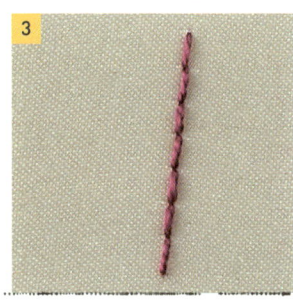

Tip 백 스티치는 바늘땀의 길이가 모두 같아야 한다. 스플릿 스티치는 백 스티치와 비슷하지만 이전 스티치의 한가운데로 바늘을 넣어 실을 가른다는 점이 다르다.

1. 스타팅 스티치 위에 첫 번째 스티치를 놓는다. 스티치의 길이만큼 거리를 두고 바늘을 꽂아 실을 뽑아 올린다.
2. 실을 잡아당긴 다음 첫 번째 스티치의 끝 지점에 바늘을 꽂는다.
3. 실을 끝까지 잡아당긴 다음 다시 1번처럼 새로운 스티치를 반복하면 된다. 끝에는 피니싱 스티치로 마무리한다.

리본 위에 백 스티치 놓기

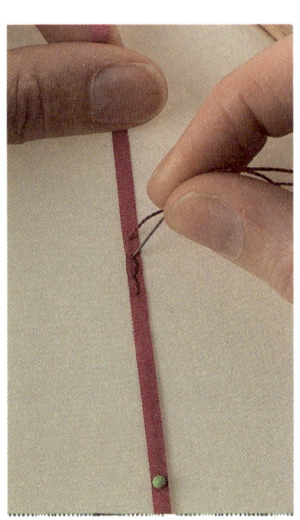

1. 리본 하단을 시침핀으로 천에 고정하고 반대편 끝을 왼손으로 당겨 팽팽하게 만든 뒤 리본의 중앙에 백 스티치를 한다.

▶ 완성된 백 스티치. 리본을 고정하기 위해서 천의 뒤쪽으로 리본을 밀어 넣고 실이나 코드로 카우칭 한다. 또는 리본을 잘라 그 상태 그대로 드러나게 두어도 된다.

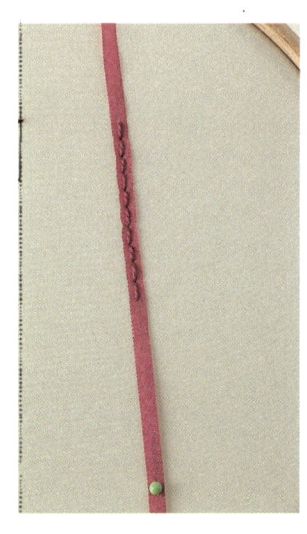

카우칭 하기

카우칭은 한 가닥이나 여러 가닥의 실 묶음을 다른 실을 이용해 일정한 간격으로 천에 묶어주는 기법이다. 카우칭을 한 실은 천의 뒤쪽에서 작은 스티치로 고정한다. 실의 종류를 막론하고 어떤 실이든 카우칭 할 수 있고, 카우칭 하는 실의 색상도 다채롭게 선택할 수 있다. 아래 예에서는 네 가닥 실과 그에 대비되는 색깔 실로 카우칭 했다.

Tip 몇 가닥을 카우칭 할지, 어느 정도 팽팽하게 할지 또는 늘어뜨릴지 마음대로 조정할 수 있다. 특정한 모양의 둘레를 카우칭 할 때는 모양 바깥쪽에서 바늘을 뽑아 올리고 모양 안쪽으로 바늘을 찔러 넣는다.

1. 카우칭 할 실 묶음을 팽팽하게 당긴다. 한쪽 끝에 4~5㎝ 여유분을 남기는데, 이는 카우칭이 완성되면 천 뒤쪽으로 밀어 넣을 것이다.

2. 선을 따라 실이 반듯하게 놓여 있는지 확인하고 바늘을 직각으로 찔러 실을 뽑아 올린 다음에 반대편에 바늘을 꽂는다. 카우칭 스티치의 위아래 간격이 일정한지 확인한다. 실을 당겨 스티치를 조이고 다음 지점으로 바늘을 옮긴다. 카우칭 스티치 간격은 1㎝가 넘지 않도록 한다.

3. 실을 팽팽하게 잡고 위와 같은 방법으로 두 번째 스티치를 한다.

4. 실을 따라 일정한 간격으로 스티치를 한다.
5. 카우칭이 끝나면 마지막 남은 부분을 바늘귀가 크고 끝이 뾰족한 24번 셔닐 바늘에 꿰어 천 아래쪽으로 밀어 넣는다. 한 번에 두 가닥씩 꿰어 넣는다.

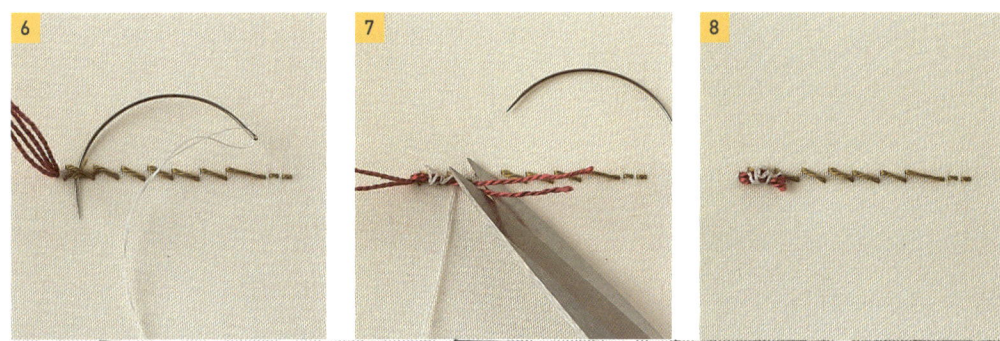

6. 천과 동일한 색상의 실을 곡선 바늘에 꿰어, 자수와 천 사이로 (자수 위로 실이 올라가지 않도록) 스티치를 두 번 놓는다.
7. 천 뒷면으로 빼낸 실 두 가닥을 3~4회 정도 감친 후 잘라낸다.
8. 남은 두 가닥 실도 7번과 같은 방법으로 마무리한다.

> **Note.**
> 카우칭 하는 실을 한꺼번에 뒤로 빼어 고정하면 그 부분이 볼록하게 튀어나올 수 있다. 두 가닥씩 빼어 고정하는 것이 좋다.

실크코드 카우칭 하기

17세기에는 실크코드 카우칭을 가는 실크사로 했다. 나는 개인적으로 반투명한 실로 실크의 가장자리를 작은 스티치로 카우칭 하는 것이 실크 본연의 윤기를 최대한 빛나게 한다고 생각한다. 이런 기법을 사용하면 카우칭 스티치가 눈에 잘 띄지 않고, 따라서 작품도 더 깔끔해진다. 실크코드와 최대한 비슷한 색깔로 가장 가는 실을 찾아라. 바늘은 12번이나 10번을 사용한다. 아플리케의 외곽선을 카우칭 하는 예를 살펴보자.

 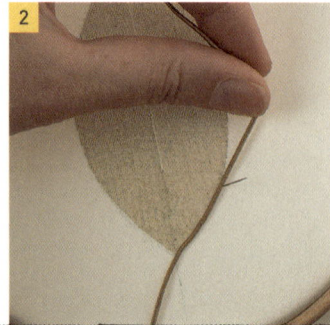 

1. 스타팅 스티치를 먼저 놓는다. 끝에 4~5cm 정도 여유를 두고 외곽선을 따라 실크코드를 올린다. 실크코드를 천 뒤로 밀어 넣을 지점에서 1~2mm 떨어진 곳에 첫 번째 스티치를 놓는다. 나무의 바깥쪽에서 실을 뽑아 올리고 나무의 안쪽으로 실을 집어넣는다.

2. 천 밑에서 실을 당겨 3~4mm 떨어진 지점에 두 번째 스티치를 놓는다. 이렇게 실크코드를 따라 스티치 해나간다. 작업을 할 때 왼손으로 실크코드를 잡아줘야 모양이 반듯하게 나온다. 나무를 표현한 천의 끝단이 실크코드로 가려져야 한다.

3. 카우칭이 끝난 뒤 실크코드를 천 뒤로 밀어넣으려면, 스틸레토나 멜로어, 큰 태피스트리 바늘을 사용해 구멍을 낸다.

4. 실을 적당한 길이로 잘라 반으로 접어서 양쪽 끝을 바늘귀에 꿴다(일반적인 바늘 모두 사용 가능). 바늘을 밀어 넣을 구멍에 넣어 루프를 만든 다음, 실크코드를 루프 속에 넣고 실을 잡아당긴다. 실크코드가 정확히 구멍으로 빨려 들어간다.

5. 천 뒤에서 49쪽 6, 7번 과정으로 카우칭을 마무리한다.

Note.
실크코드를 두 개 이상 나란히 카우칭 할 경우 첫 번째 실크코드는 무조건 외곽선 경계 위에 놓고 두 번째 실크코드는 안쪽이든 바깥쪽에 붙인다. 사진처럼 바깥쪽에 실크코드를 하나 더 추가한다면, 바깥쪽으로 실을 뽑아 올린 후 이미 고정되어 있는 실크코드와 맞대어 있는 안쪽으로 바늘을 찔러 실을 밑으로 빼내면 된다.

▶ 실크코드로 외곽선을 장식한 나무 아플리케. 실크코드를 카우칭 하여 나무 기둥을 수놓은 다음 그림자처럼 표현된 아웃라인 스티치를 놓았다. 나뭇잎은 와이어로 만든 슬립에 스티치를 채워 만들었고 나무의 배경은 씨를 흩뿌린 것 같은 효과를 내는 시딩 스티치 seeding stitch 로 장식했다.

스트레이트 스티치

스트레이트 스티치는 아주 유용한 스티치지만 소홀하게 다뤄지는 경우가 많다. 어떤 실로도 작업할 수 있기에 작고 섬세한 스티치는 물론 크고 무게감 있는 스티치도 표현할 수 있다. 스트레이트 스티치는 특히 가는 실크 리본을 작업할 때 유용하다. 실과 리본을 이용해 (또는 둘 중 하나만 이용해) 스트레이트 스티치 작업을 하여 덤불이나 곤충의 다리, 나뭇잎의 잎맥 등을 표현할 수 있다.

리본은 쉽게 낡고 더럽혀지기 때문에 20㎝ 미만으로 잘라 사용하는 것이 좋다. 시작 지점과 끝 지점은 카우칭 하는 방식으로 고정하는데, 보이지 않게 처리할 수 있는 적당한 공간이 없다면 다른 스티치를 하고 남은 실을 연결해서 사용한다.

Tip 천 위에서는 항상 왼손으로 바늘을 잡고 천 밑에서는 오른손으로 바늘을 받는다(왼손잡이는 반대로). 이렇게 하면 바느질 속도를 높일 수 있다.

1. 싱글 스트레이트 스티치를 여러 개 만들어 덤불을 표현한다. 스티치의 처음 시작 지점과 끝 지점에서는 언제나 실을 끝까지 잡아 당겨 팽팽하게 만든다.
2. 리본으로 스트레이트 스티치를 놓으려면 리본을 바늘귀에 꿰어 천의 앞면으로 빼낸 후, 왼손으로 리본을 팽팽히 잡으면서 리본의 중앙에 바늘을 꽂는다.

3. 천 뒷면으로 리본을 잡아 뺀다.
4. 길이를 다양하게 하여 리본 스티치를 추가한다.

▶ 리본을 사용한 스트레이트 스티치가 가미된 자수다. 금속실로 된 우븐 휠스로 꽃을 표현했고, 나머지 부분은 채색했다.

롱 앤드 쇼트 스티치

실크 쉐이딩silk shading이라고도 하는 이 스티치는 그 자체만으로도 미세한 음영을 만들어내기 때문에 자연을 묘사할 때 자주 이용된다. 외곽선 스티치를 하지 않을 거라면 스플릿 스티치split stitch로 먼저 외곽선을 잡아야 외곽선이 깔끔해진다. 넓은 영역을 한 가지 색으로 채울 때는 새틴 스티치보다 실크 쉐이딩이 좋다. 나뭇잎과 같은 자연적인 대상을 채울 때는 맨 끝부터 시작해서 생장점 방향으로 작업을 진행해야 한다. 건물과 같은 비교적 규칙적인 형태는 위에서 아래로 작업하면 된다.

1. 건물의 가운데에서 약간 위쪽 지점에 바늘을 꽂고 위쪽 외곽선과 맞물리는 지점까지 수직으로 길게 스티치를 한 땀 놓는다. 시작점은 자연스러운 효과를 낼 수 있도록 불규칙적으로 다양한 지점을 선정한다. 오른쪽 끝부분까지 작업한다.
2. 두 번째 줄은 첫 번째 줄 스티치 위에서 바늘을 뽑아 아래쪽으로 수직으로 내려와 바늘을 꽂는다.
3. 두 번째 줄의 시작점은 첫 번째 줄 스티치와 겹쳐야 하지만, 불규칙적으로 다양하게 선정한다. 하지만 두 번째 줄의 길이는 가능한 한 비슷하게 맞춘다. 이렇게 하면 두 번째 줄의 끝부분도 불규칙적으로 다양해진다. 첫 줄의 맨 윗선처럼 일직선으로 나열해서는 안 된다.

Tip 첫 번째 단을 너무 짧게 스티치 하지 않도록 한다. 너무 짧게 스티치 하면 두 번째 단에서 자연스러운 음영 효과를 내지 못하게 된다.

4. 마지막 줄은 3번과 마찬가지로 바로 윗줄의 임의 지점에서 바늘을 뽑아 하단 외곽선에서 바늘을 집어넣는다. 길이를 다양하게 하여 자연스러운 효과를 낸다.
5. 이해를 돕기 위해 여기서는 반쪽만 완성했다. 대개 중앙에서 오른쪽 끝까지 스티치를 놓고 다시 중앙으로 돌아가 왼쪽 끝까지 스티치를 놓아 한 줄을 모두 완성한 다음, 그 아래 줄을 작업한다.

Note.
창문처럼 작은 공간을 채울 때는 새틴 스티치를 활용하고, 창문 주변의 큰 공간을 채울 때는 롱 앤드 쇼트 스티치를 활용한다.

새틴 스티치

새틴 스티치는 어떤 방향으로도 가능한 스트레이트 스티치다. 새틴 스티치 하기 전에 먼저 스플릿 스티치로 외곽선을 작업해놓으면 좋다. 매끄럽게 채우려면 스티치를 가능한 가까이 붙여서 해야 한다(물론 겹치면 안 된다). 실크사로 작업할 경우 주로 10번이나 12번 바늘을 쓴다.

Tip 불규칙적인 모양을 채울 때는 비스듬하게 새틴 스티치를 놓아주고, 긴 스티치가 뒤에 오도록 해야 한다. 직사각형과 같은 규칙적인 형태는 가로나 세로 한 방향으로 새틴 스티치 해준다.

Note.
스플릿 스티치로 직선을 표현할 경우에는 스티치를 크게 놓아도 괜찮지만, 곡선을 표현할 경우에는 스티치를 가능한 한 작게 놓아야 자연스러워 보인다.

1. 스플릿 스티치(47쪽 참조)로 이미지의 외곽선을 먼저 만든다. 스티치를 가능한 한 작게 한다(대략 2~3mm 정도, 꺾어지는 부분은 더 작게). 그래야만 새틴 스티치를 마쳤을 때 모서리가 깔끔하게 정리된다.

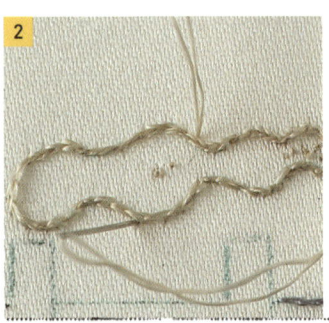  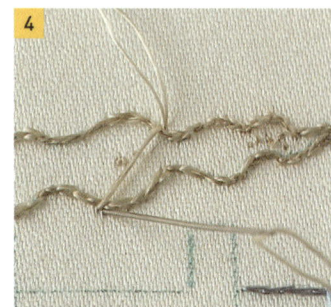

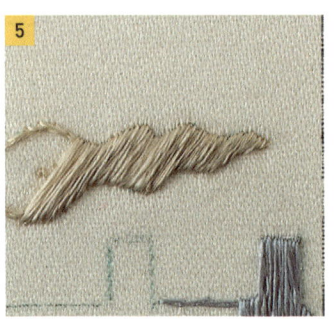

2. 가는 실크실 두 가닥을 바늘에 끼우고 맨 끝을 묶는다. 스티치로 채울 영역 한 가운데에 바늘을 찔러 실을 아래로 빼고 스플릿 스티치로 만든 구름의 위쪽 외곽선 바깥쪽으로 바늘을 뺀 다음 실을 잡아당긴다. 45도 각도로 내려가 반대쪽 외곽선 바깥쪽으로 바늘을 꽂는다. 스티치 할 때 왼손은 실을 팽팽하게 잡는 역할을 한다.

3. 실을 구름 위쪽으로 다시 뺄 때 첫 번째 스티치 오른쪽에 최대한 가까이 붙인다.

4. 이전 단계와 같은 각도로 내려가 반대쪽 외곽선 첫 번째 스티치에 최대한 가까이 붙여 바늘을 밑으로 넣는다.

5. 오른쪽 면을 끝까지 다 채운다.

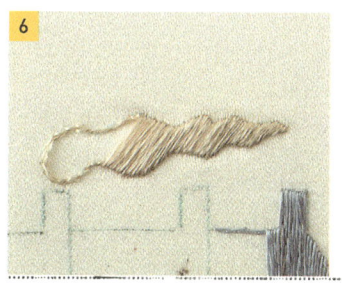 

Tip 스티치 할 때 실을 지나치게 당기면 안 된다. 적당한 긴장감만 유지할 수 있을 정도로 스티치 해야 평평한 결과물이 나온다. 한쪽을 채우고 반대쪽을 시작할 때 채우려는 면적이 넓은 경우 실을 일단 마무리 짓는다. 남은 실로 충분히 스티치 할 수 있다면 실을 그대로 끌어다 쓴다.

6. 중앙으로 다시 돌아가 첫 번째 스티치 왼쪽으로 작업하는데 이번에는 아래에서 바늘을 빼 위로 넣는다.
7. 왼쪽 면을 다 채운다.

수직으로 새틴 스티치를 놓을 경우, 수직 외곽선을 스플릿 스티치로 놓을 필요는 없다. 아래의 예처럼 수직으로 새틴 스티치를 할 경우, 문의 위아래에만 스플릿 스티치를 놓으면 된다. 이 작품은 오두막의 밑면은 카우칭 할 것이기 때문에 스플릿 스티치를 놓지 않아도 되지만 윗면에는 놓아주어야 한다.

8. 문의 위쪽에 스플릿 스티치를 놓고 문의 중간부터 새틴 스티치를 시작한다. 밑면에서 바늘을 빼 윗면의 스플릿 스티치 바깥으로 바늘을 꽂는다.
9. 오른쪽 끝까지 마치면 다시 중앙으로 돌아와 왼쪽을 작업한다.

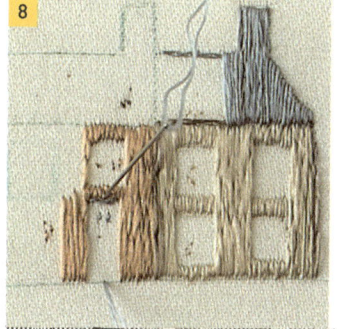 

▶ 굴뚝에서 나오는 연기와 문이 새틴 스티치로 작업되었다. 벽과 지붕은 롱 앤드 쇼트 스티치와 새틴 스티치로 장식되었다.

입체 스티치
Raised Surface Stitches

스텀프 워크는 평면 스티치와 입체 스티치가 대비되어 디자인에 독특한 깊이감을 만들어낸다. 이 책에서 소개하는 입체 스티치 중 터키 러그 스티치 turkey rug stitch를 뺀 나머지 기법들은 모두 독립적으로 적용할 수 있다. 멋진 질감과 효과를 만들어내는 입체 스티치는 대개 평면 스티치나 평면 아플리케 작업을 끝낸 다음에 작업한다.

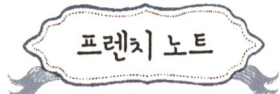

프렌치 노트

프렌치 노트 스티치는 텍스처를 덧붙이거나 작품을 장식할 때 아주 유용하게 사용할 수 있는 스티치다. 한 개의 프렌치 노트 스티치로 곤충의 눈을, 여러 개의 스티치로 꽃의 중심부를 완벽하고 아름답게 표현할 수 있다. 바늘에 실을 한 번 또는 두 번만 감는다는 사실을 명심해야 한다. 큰 매듭을 만들려면 두꺼운 실을 사용하라.

Tip 프렌치 노트 스티치를 크게 만들려면, 실을 여러 가닥 바늘에 꿰어 사용하거나 두꺼운 실을 사용하는 것이 좋다.

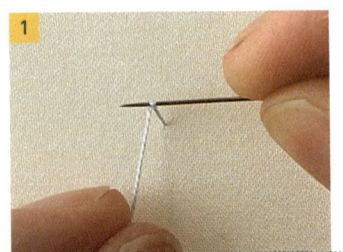 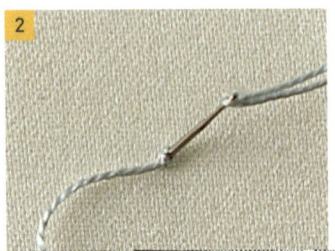 

1. 스타팅 스티치를 먼저 놓고 실을 앞쪽으로 뺀다. 바늘을 실로 한두 번 감는다. 실이 보이게끔 바늘을 수평으로 잡고 바늘을 실로 감는다.
2. 왼손으로 실을 단단히 잡고, 맨 처음 바늘을 뺀 구멍 가까이에 바늘을 꽂고 바늘에 감긴 매듭이 천 위에 닿게 만든다. 매듭이 바늘에 너무 단단하게 감겨 있으면 바늘이 천을 빠져나갈 수 없으니 적당히 잡아 당겨야 한다.
3. 바늘을 천 뒤로 빼서 당긴다.

▶ 굵기가 다른 실을 사용해 다양한 크기의 프렌치 매듭을 만들었다. 왼쪽부터 12번 펄 코튼 실 1가닥, 털실 1가닥, 8번 펄 코튼 실 1가닥, 8번 펄 코튼 실 2가닥, 털실 4가닥을 사용한 매듭이다.

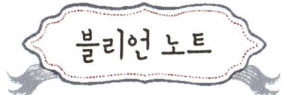

블리언 노트

블리언 노트 스티치는 애벌레 스티치라고도 하는데 이는 스티치의 질감을 우리에게 정확하게 설명해준다. 블리언 노트 스티치는 스티치로 채워야 할 영역을 좀 더 줄여주면서 입체적으로 표현할 수 있도록 해준다.

Tip 블리언 노트 스티치는 충분히 긴 실로 작업해야 한다.

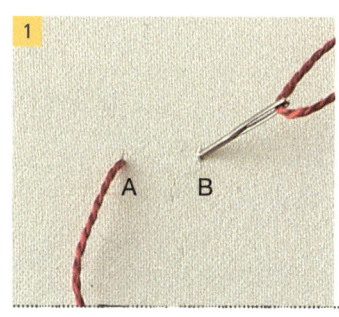
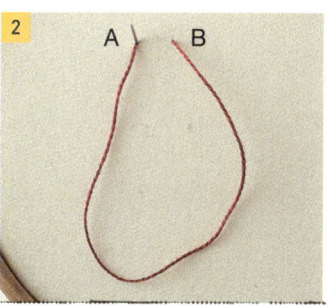

1. 스타팅 스티치로 시작한 다음 A에서 B로 스티치를 놓는다. A에서 B까지의 거리는 만들고자 하는 블리언 노트의 크기에 따라 달라진다.
2. 크게 루프를 만들고 밑에서 A 지점으로 바늘을 꽂는다.
3. 바늘을 수직으로 세우고, 바늘을 실로 여러 번 휘감는다. 감긴 코일을 바닥으로 밀어 내린다.

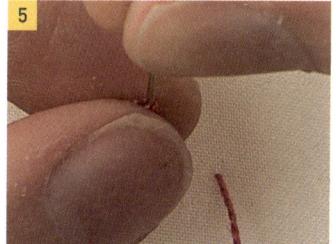

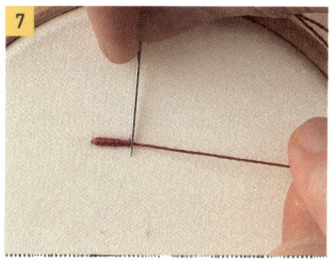

4. 왼손으로 실을 팽팽하게 유지한 채 B 지점으로 바늘을 구부려보며 A에서 B까지의 거리보다 코일이 큰지 확인한다.
5. 코일이 너무 팽팽하면 바늘이 빠져나오기 어렵다. 왼손으로 코일을 꽉 잡은 채 오른손으로 바늘을 잡아 뺀다.
6. 실을 당겨 팽팽하게 만든다.
7. B 지점을 향해 감긴 실을 잡고 오른손으로는 바늘 끝을 잡아 코일을 향하게 할 방향으로 누른다. 천 뒤로 실을 뺀 후 일반적인 방식으로 마무리한다.

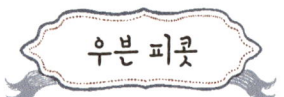

우븐 피콧

우븐 피콧은 작거나 크게, 또는 얇거나 넓게 작업할 수 있다. 바탕천과 포인트에 모두 사용할 수 있는 피콧은 2, 3, 4, 5개의 갈래로 작업할 수 있다. 바탕에만 지지대로 부착하는 피콧은 3갈래나 5갈래로만 작업할 수 있다. 떨어진 피콧의 바깥쪽 갈래는 가는 비즈용 와이어를 사용하는 것이 좋다. 구부리거나 변형하기 쉽기 때문이다.

2갈래 피콧

1. 먼저 A에서 B로 스티치 하고, 그 다음에는 C에서 B로 스티치 한다. 이로써 꼭짓점이 만들어진다. 이것은 앞으로 완성할 우븐 피콧의 크기다.
2. B의 바로 왼쪽으로 바늘을 뺀다.
3. 한 땀은 바늘 앞으로, 한 땀은 바늘 뒤로 하여 실을 왕복하며 꼭짓점에서 아래쪽으로 모양을 만든다. 바늘로 실을 눌러주며 열이 촘촘하게 엮이는지 계속 확인한다.
4. 맨 아래까지 실을 엮으면 하단부 중앙에서 스티치를 마무리한다.

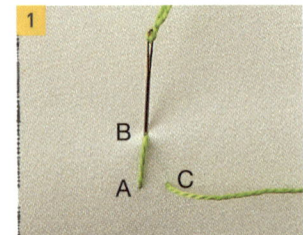

3갈래 피콧

1. 2개의 스티치를 만들고('2갈래 피콧' 1번 과정 참조) 중앙에 세 번째 스티치를 놓는다. 그 다음 2갈래 피콧과 마찬가지로 앞뒤로 실을 엮어나간다.
2. 끝까지 작업을 하고, 어느 곳이든 상관없이 끝나는 쪽에서 마무리 짓는다.

Note.
3갈래 피콧을 놓을 때 바늘은 맨 처음에 첫 번째 실 밑으로, 두 번째 실 위로, 세 번째 실 밑으로 통과시켜야 한다.

입체 우븐 피콧

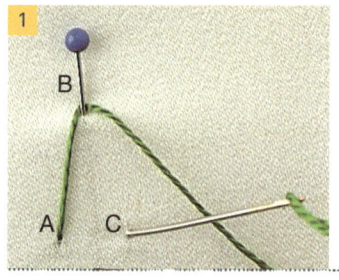 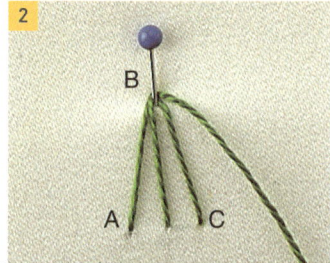

Tip 입체 우븐 피콧은 3갈래나 5갈래 피콧만 만들 수 있다.
입체 우븐 피콧은 1.5㎝보다 작아야 한다. 이보다 크면 덜렁거릴 수 있다.

1. 피콧의 꼭대기가 되는 B 지점에 시침핀을 꽂는다. 2갈래 피콧과 마찬가지로 A 지점에서 실을 뽑아 올려 시침핀을 둘러 C 지점으로 바늘을 넣는다.
2. A와 C 지점 중간 부분에서 실을 뽑아 올려 시침핀에 다시 감는다.
3. 실을 천 뒤로 넣지 말고 '3갈래 피콧' 1번과 같이 앞뒤로 실을 엮는다. 모두 다 엮고 나면 바늘을 천 뒤로 꽂아 빼낸다.
4. 시침핀을 제거하고 핀 끝을 이용해 피콧을 천 위로 세운다.

▶ 이 스텀프 워크 핀은 펠트 위에 입체 우븐 피콧으로 꽃잎을 표현했다. 피콧 두 개마다 하나씩 끝부분에 비즈를 달았다. 꽃의 중앙부는 프렌치 노트 스티치와 비즈로 채웠고 테두리는 리제린이라고 하는 금속 와이어를 카우칭 했다.

입체 스템 밴드

이 스티치는 수평으로 이어진 촘촘한 실들이 만들어내는 멋진 질감과 함께 견고하면서 살짝 입체적인 느낌을 준다. 곤충의 몸통이나 나무껍질을 표현할 때 완벽한 스티치라 할 수 있다. 아무 실이든 사용할 수 있고 바늘은 뾰족한 자수바늘을 사용한다. 디자인의 크기에 따라 0.5~1㎝ 정도 거리를 두고 칸막이를 놓는다.

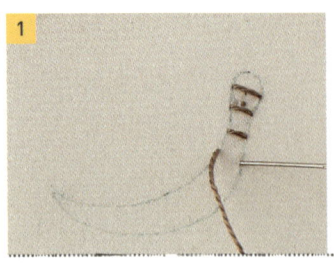  

1. 6mm 정도 간격으로 도안의 방향과 직각이 되도록 칸막이를 만든다. 외곽선의 바깥쪽 끝에 바늘을 꽂는다.
2. 태피스트리 바늘에 새 실을 끼운다. 스타팅 스티치를 한 다음, 도안의 오른쪽 윗부분 외곽선에 바늘을 찔러 실을 빼낸다. 칸막이 위에서 아래로 실을 감고 외곽선 쪽으로 최대한 당긴다.
3. 이 방식으로 칸막이를 계속 감아나간다. 실을 너무 세게 당기면 천이 울 수 있으니 조심한다. 끝까지 감고 나면 외곽선 끝에 바늘을 꽂아 실을 밑으로 빼낸다.

4. 마지막 스티치에 최대한 가깝게 실을 다시 뽑아 올리고 칸막이를 다시 감아 올라간다. 이번에는 외곽선 바로 밑으로 실을 바짝 붙인다.
5. 끝까지 오면 3번과 같이 외곽선 끝에 바늘을 꽂아 실을 밑으로 빼낸다.
6. 계속 채워나간다. 실 사이에 틈새가 벌어지지 않도록 바늘로 실들을 최대한 밀어 올리며 작업한다. 최대한 촘촘하게 채운다.
7. 도안의 내부를 완전히 채우고 난 뒤 깔끔하게 마무리하려면 스티치 밑으로 바늘을 빼내야 하는데, 실이 너무 촘촘해 잘 안 빠져나오는 경우도 있다.

> **Note.**
> 두 번째 줄이 첫 번째 줄과 거울상처럼 대칭이 된다면, 이는 칸막이에 실을 반대 방향으로 감았다는 뜻이다.

버튼홀 쿠론

작은 원형의 버튼홀 스티치는 다소 어렵게 느껴질 수도 있지만 배워두면 유용하기 때문에 꾸준히 연습하면 좋다. 다양한 뜨개바늘이나 나무막대를 이용해 다양한 크기의 원을 만들어보라. 어떤 실이든 상관없다.

Tip 쿠론은 같은 색의 가는 실을 이용해 한 지점이나 2~4 지점을 꿰매 천에 부착한다. 원의 바깥쪽으로 바늘을 뽑아 올린 다음 스티치의 중앙에서 바늘을 밑으로 뺀다.

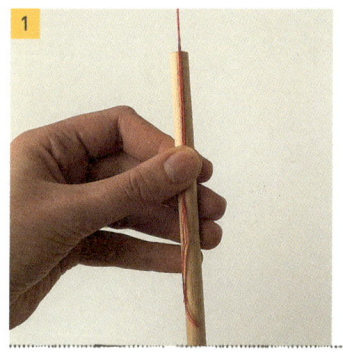
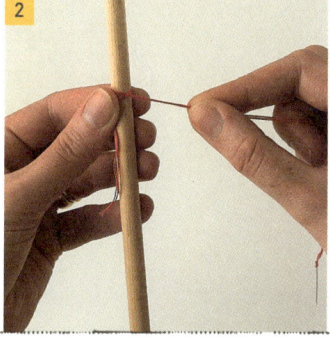
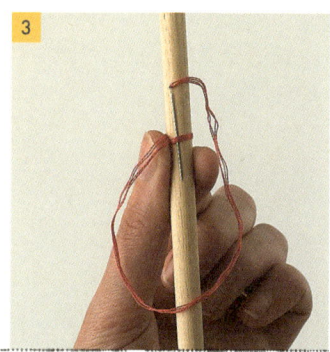

1. 커다란 쿠론을 만들기 위해서는 먼저 펄 코튼 두 가닥을 바늘에 꿴 다음 그것을 겹쳐 4가닥으로 만들어준다. 나무 막대에 실을 단단히 붙잡고 길게 늘어뜨린다.
2. 막대에 실을 감아주면서 앞에서 잡고 있는 실을 눌러준다.
3. 감은 실 뒤로 바늘을 위에서 아래로 꽂고, 루프 사이로 뺀다.

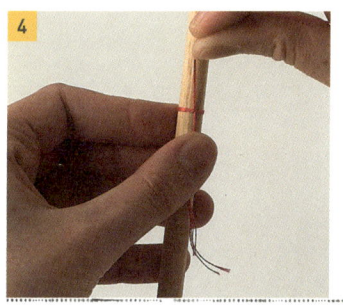
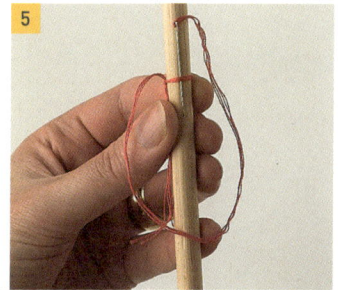
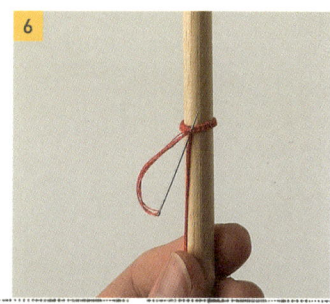

4. 버튼홀 스티치를 팽팽하게 당긴다.
5. 첫 번째 버튼홀 스티치 바로 오른쪽에 두 번째 스티치를 만든다.
6. 막대 전체를 채울 때까지 이 과정을 반복한다. 버튼홀 스티치를 놓을 때마다 이전 스티치와 단단하게 엮이도록 한다. 한 바퀴 다 돌면 첫 번째 스티치에 실을 꿰어 넣는다. 남은 실은 바늘에 꿴 채로 남겨둔다.
7. 막대를 빼낸 후 남은 실을 이용해 천에 꿰맨다. 별도의 가는 실을 이용해 쿠론을 제 위치에 고정한다. 실은 모두 천 뒤쪽에서 마무리한다.

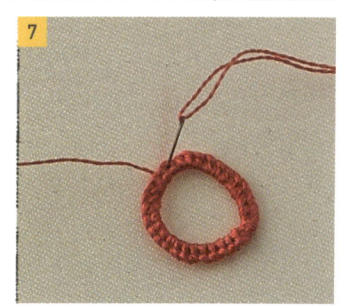

레이즈드 리프 스티치

레이즈드 리프 스티치는 내가 좋아하는 기법 중 하나로 작게 표현할 때 가장 효과가 크다. 종이카드의 폭을 다양하게 하여 실험해보라. 하지만 스티치가 너무 크면 루프를 다루는 것도 어려워지고 마무리도 깔끔하게 되지 않기 때문에 1cm 미만의 종이카드로 시작하는 것이 좋다. 종이카드는 표현하고자 하는 나뭇잎보다 훨씬 길어야 한다. 실은 아무거나 사용할 수 있고 바늘은 끝이 뾰족하기만 하면 된다. 아래 예에서는 8mm 폭의 종이카드와 스트랜디드 코튼 stranded cotton 3가닥을 사용했다.

Tip 다양한 폭의 종이카드와 실을 사용해 스티치를 연습해보면서 나뭇잎의 형태와 크기가 어떻게 달라지는지 살펴보라.

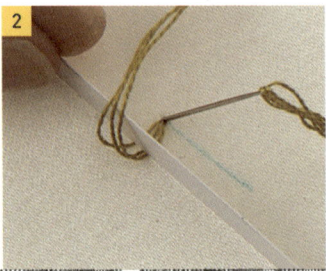

1. 천 위에 선을 그어 나뭇잎이 들어갈 자리를 표시한다. 나뭇잎 꼭짓점으로 실을 빼 올린다.
2. 카드를 그어놓은 선의 오른쪽에 두고 그 위로 실을 감아 실을 뺀 구멍으로 다시 아래로 빼낸다. 이 지점이 나뭇잎의 뾰족한 끝이 된다.

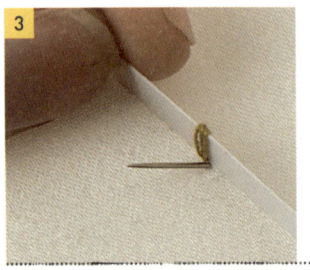

Note. 맨 처음 스티치만 같은 구멍으로 넣고 뺀다.

3. 실을 끝까지 잡아당긴 후 마지막 스티치의 바로 앞에 바늘을 꽂아 종이카드의 반대편으로 뽑아 올린다.
4. 카드를 따라 스티치를 계속 감아나간다. 대략 6~8회 스티치를 한 다음, 종이카드의 한쪽 면에서 스티치 아래로 바늘귀 방향으로 바늘을 집어넣는다.
5. 실을 잡아 뺀 뒤, 왼손으로 스티치를 붙잡고 오른손으로 카드를 빼낸다.

▲ 완성된 나뭇잎

6. 스티치를 똑바로 세우고 실을 나무줄기 쪽으로 반듯하게 잡아당긴다.
7. 손으로 나뭇잎 형태를 만들고, 나무줄기 부분을 바늘로 꿴다.

Note.
나뭇잎 중앙에 다른 색상의 실을 꿰어 줄기 쪽으로 빼내면 잎맥과 줄기에 약간의 변화를 줄 수 있다.

◀ 이 작품은 5가지 색상의 스트랜디드 코튼을 이용해 레이즈드 리프 스티치를 놓은 것이다. 잎사귀 중앙에는 갈색실로 스트레이트 스티치를 놓아 잎맥을 표현하였다.

버튼홀 바

버튼홀 바는 천의 양끝을 고정할 수 있고, 한쪽 끝만 고정하여 자유롭게 움직이도록 할 수도 있다.

Tip 버튼홀 바나 스캘럽의 길이를 고려해 A 지점과 B 지점의 거리를 정한다. 작업 과정에서 앞서 만든 스티치는 항상 왼손으로 잡아 형태를 유지해야 한다.

어태치드 버튼홀 바

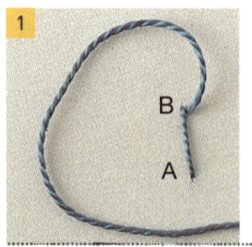  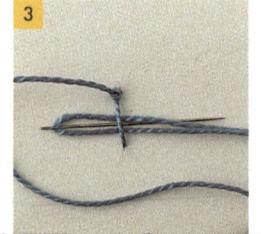 

1. 만들고자 하는 버튼홀 바의 길이만큼 A 지점에서 B 지점까지 스티치를 한다. B 지점 오른쪽에 바짝 붙여 바늘을 앞으로 빼낸다.
2. 바 왼쪽으로 루프를 만들고, 오른쪽에서 왼쪽으로 스티치 밑으로 바늘귀 방향으로 실을 넣는다. 바늘은 루프 안을 통과해야 한다.
3. 감은 실을 위쪽으로 바짝 당긴 다음 2번과 같은 방법으로 또 실을 감는다.
4. 끝까지 실을 감는다. 실을 감은 스티치의 모양이 최대한 균등하게끔 손으로 잡아준다. 맨 끝까지 실을 감으면 천 아래로 바늘을 빼 마무리 짓는다.

디태치드 버튼홀 바

디태치드 버튼홀 바로 작은 당근을 만들어보았다. 단색 실로만 만들 수도 있고, 버튼홀 스티치로 바 전체를 감쌀 수도 있다.

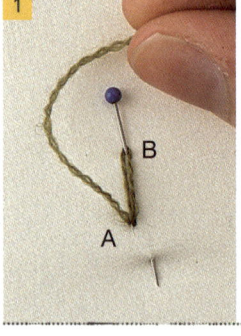 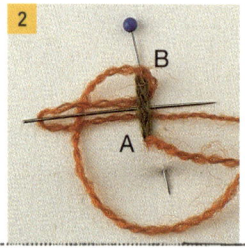 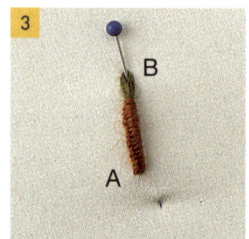 

1. B 지점에 시침핀을 꽂고 A 지점에서 녹색 실을 빼낸다. 시침핀에 실을 한 번 감은 뒤 A 지점에서 다시 실을 밑으로 빼낸다. 이를 2~3회 반복한다.
2. 실을 마무리하고, 주황색 실을 A 지점으로 빼낸 후 '어태치드 버튼홀 바'의 2번과 3번처럼 실을 감는다.
3. 끝까지 실을 감고 나면 A 지점에서 천의 뒷면으로 실을 빼낸다.
4. 시침핀을 제거하고, 녹색 실 루프 끝을 잘라 당근의 줄기를 표현한다.

버튼홀 스캘럽

버튼홀 스캘럽은 다양하게 사용할 수 있다. 개별적으로 사용할 수도, 다른 요소와 함께 사용할 수도 있다. 크게 만들 수도, 작게 만들 수도 있다. 스캘럽의 외곽선은 스티치 해줄 수도 있고 아니면 빼곡하게 채워줄 수도 있다.

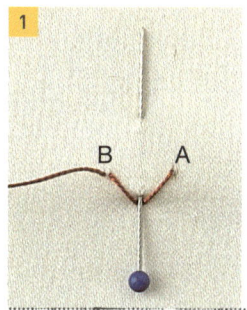   

1. 사진처럼 시침핀을 수직으로 꽂고 A 지점에서 B 지점으로 스티치를 놓는다. 실은 시침핀 아래쪽으로 가게 한다. 이것이 스캘럽의 크기가 된다. B 지점 바로 왼쪽으로 바늘을 뽑아 올린다.
2. '어태치트 버튼홀 바'의 2번과 같은 방법으로 실을 감는다.
3. B 지점 끝으로 실을 당긴 후, 계속 감아나간다. 스캘럽의 중앙에 다다르면 시침핀을 제거한다.
4. A 지점까지 모두 감으면 바늘을 천 뒤로 뺀다.

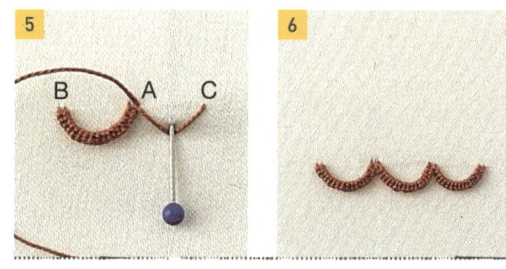

5. 스캘럽을 연달아 넣으려면 C 지점에서 바늘을 앞으로 빼고 1번과 똑같은 방법으로 다시 시작한다.
6. 원하는 만큼 스캘럽을 연결한다. 연속적인 스캘럽으로 멋진 효과를 낼 수 있다.

▼ 텐트 스티치 슬립으로 패딩을 넣은 부엉이 가슴에 버튼홀 스캘럽이 4개 들어갔다.

터키 러그 스티치

터키 러그 스티치는 한 줄씩 스티치 하는 기법이지만, 여러 줄을 복합적으로 사용하면 멋진 효과를 낼 수 있다. 루프를 자르지 않고 그대로 둘 수도 있고, 끝을 잘라 부드러운 뭉치를 연출할 수도 있다. 울이나 두꺼운 자수용 명주실을 사용하면 더욱 효과적이다. 바늘귀와 천을 통과할 수 있을 만큼 실을 최대한 많이 사용하는 것이 좋다. 아래 예에서는 2가닥 털실을 바늘귀에 페어 4가닥으로 접었다.

Tip 천에서 실을 빼내기 힘들 수도 있다. 그럴 때는 펜치를 이용하면 수월하다.

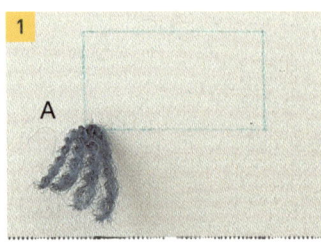  

1. A 지점에서 천의 뒷면으로 실을 뺀다. 실 끝은 매듭을 짓지 않고 1~2cm 정도 남겨둔다.
2. A 지점 바로 오른쪽으로 바늘을 뽑아 올린 뒤, A 지점 바로 왼쪽으로 다시 집어넣는다.
3. 스티치를 당긴다. A 지점의 오른쪽으로 바늘을 다시 뽑아 올린 뒤, 다시 A 지점과 방금 바늘을 뺀 지점 사이로 집어넣는다.

4. 왼손으로 실을 잡아당겨 루프를 만든다. 루프 길이는 처음 남겨두었던 실의 끝과 동일하게 한다.
5. 왼손으로 실을 잡고 바늘을 약간의 간격을 두고 루프의 오른쪽으로 빼낸다.
6. 방금 빼낸 바늘구멍 바로 왼쪽으로 바늘을 집어넣는다.

7. 실을 잡아당겨 두 번째 루프를 만든다.
8. 5, 6, 7번 과정을 반복하여 끝 지점까지 루프를 만든다.

9. 한 줄이 모두 끝나면 바로 위에 새로운 줄을 시작한다.
10. 왼쪽에서 오른쪽으로 루프를 만들어나갈 때는 앞에서 설명한 것과 반대로 진행된다. 왼쪽 지점에서 바늘을 뽑아 올리고 오른쪽으로 집어넣는다.
11. 두 번째 열을 완성한다.

> **Note.**
> 도안을 완전히 채우고 나면, 실을 앞쪽으로 팽팽하게 잡아당긴 다음 루프를 자르고 실 길이를 고르게 다듬어 마무리한다.

▲ 스티치를 완성한 후 루프를 자르지 않고 그대로 두어도 되고, 루프의 중앙을 잘라 적당한 길이로 다듬어주어도 된다. 부드러운 질감을 표현하려면 루프를 가능한 한 짧게 자른다.

▶ 양귀비의 중앙에 실로 감싼 커다란 비즈 주변으로 터키 러그 스티치가 들어간 것을 볼 수 있다. 첫 번째 줄은 펄 코튼으로, 두 번째 줄은 실크 리본으로, 세 번째 줄은 실크 리본으로 만든 루프가 들어갔다. 이 작품의 전체적인 모습은 82쪽에서 볼 수 있다.

니들레이스 스티치
Needlelace Stitches

    엘리자베스 시대에 시작되어 스튜어트 시대를 거쳐 계승되어온 니들레이스 스티치는 스텀프 워크를 대표하는 가장 독특한 스티치라 할 수 있다. 17세기 작품에는 매우 가는 버튼홀 스티치가 자주 사용되었으며, 다소 무게감 있는 버튼홀 스티치와 대비되어 멋진 효과를 자아냈다.

    다양한 버튼홀 스티치가 있지만 바탕천이나 패딩 위 혹은 별도의 프레임에 슬립으로 직접 작업하는 경우가 많았다. 이러한 슬립은 코르도네라고 하는데, 도안의 외곽선에 실을 카우칭 하여 지지하는 것을 일컫는다. 코르도네는 다양한 종류의 스티치로 채우지만 버튼홀과 브뤼셀 스티치를 싱글 또는 2중, 3중으로 놓는 것이 가장 효과적이다.

    천에 직접 작업할 때 가장 효과적인 스티치는 버튼홀과 실론 Ceylon 스티치다. 태피스트리 바늘을 사용할 수 있는 천이나 패딩은 사용하지 않는 것이 좋다.

    여기서는 일반적으로 가장 많이 사용되는 4가지 니들레이스 스티치를 살펴본다. 이 스티치들은 첫 줄을 느슨하게 작업하여 그 줄의 모든 루프에 버튼홀을 세 번씩 놓거나, 첫 줄을 팽팽하게 작업하고 루프 두 개 또는 세 개마다 한 번씩 놓는 등 다양한 형태로 표현할 수 있다.

▶ 재니 애딘 크리스티 Jenny Adin-Christie의 작품으로 난초의 중앙에 와이어를 사용한 버튼홀 슬립을 놓았다. 코디드 버튼홀 스티치를 사용한 이 작품은 금속실의 질감과 색채, 방향의 변화가 어우러져 멋진 효과를 자아낸다.

싱글 브뤼셀 스티치

싱글 브뤼셀 스티치는 버튼홀 스티치를 바짝 붙여서 촘촘하게 작업할 수도 있고, 간격을 주어 좀 더 공간을 만들어낼 수도 있다.

Tip 니들레이스로 낙엽이나 꽃잎과 같은 자연적인 형태를 뜰 때는 아래에서 위로 작업한다. 니들레이스를 바탕천에 붙일 때는 끝부분만 붙인다.

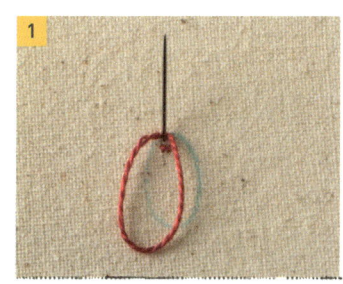

1. 도안의 맨 위 왼쪽 끝에서 바늘을 빼낸 다음, 실을 크게 두른 후 바로 오른쪽으로 바늘을 찔러 넣는다. 실을 완전히 빼지 말고 작은 루프를 만든다. 처음 바늘을 뺀 지점 바로 아래에 바늘을 밑에서 다시 찔러 넣고 루프를 통과하도록 한다.
2. 스티치를 놓은 후 오른쪽 끝까지 이어나간다. 오른쪽 끝선에서 바늘을 내려 첫째 줄 바로 아래 두 번째 줄을 만든다. 두 번째 줄은 윗줄의 루프에 바늘을 꿰어 버튼홀 스티치를 오른쪽에서 왼쪽으로 만들어나간다.

3. 왼쪽 끝선까지 작업을 계속하고 난 뒤, 바늘을 아래로 내려 마지막 줄 바로 아래에서 다시 오른쪽으로 되돌아간다.
4. 왔다 갔다 하며 새로운 버튼홀 스티치를 만든다. 모든 스티치는 바로 위 루프를 통과해야 한다. 마지막 줄은 스티치를 놓을 때마다 천도 같이 꿰맨다.

▲ 완성된 형태. 버튼홀의 루프를 더 크게 만들면 좀 더 공간을 줄 수 있다.

더블 브뤼셀 스티치

더블 브뤼셀 스티치는 싱글 브뤼셀 스티치보다 좀 더 많은 공간이 드러나며, 따라서 버튼홀 스티치의 거리도 좀 더 멀다.

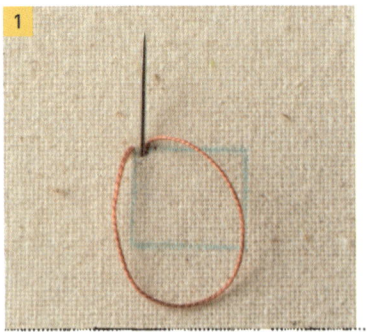
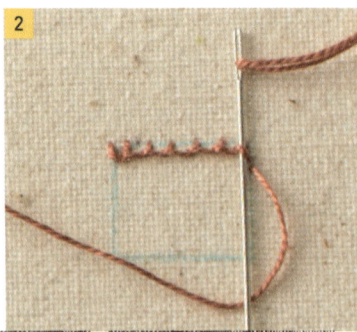

1. 싱글 브뤼셀 스티치 1번과 같이 버튼홀 스티치를 놓는다.
2. 맨 윗선을 따라 조금 넓게 버튼홀 스티치를 이어나간다. 끝 지점에 다다르면 바로 아래에 두 번째 줄을 만든다. 첫째 줄의 마지막 루프를 두 번 통과해 버튼홀 스티치를 놓는다.

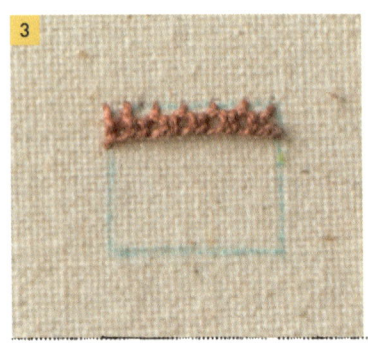
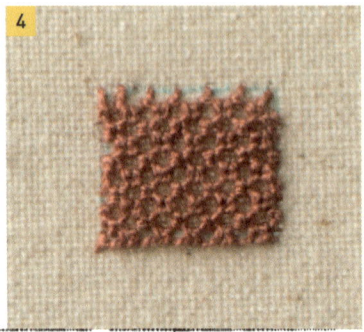

3. 윗줄의 루프에 실을 두 번씩 꿰어 버튼홀 스티치를 놓는다.
4. 왔다 갔다 하며 새로운 버튼홀 스티치를 만든다. 모든 스티치는 바로 위 루프를 통과해야 한다. 마지막 줄은 스티치를 놓을 때마다 천도 같이 꿰맨다.

트레블 브뤼셀 스티치

하나의 루프에 버튼홀 스티치를 세 번 하는 것으로, 트위스트 실크와 같은 가는 실로 작업하면 좋다.

1. 더블 브뤼셀 스티치와 같은 방법으로 맨 위 외곽선을 따라 다소 느슨하게 스티치를 놓는다.
2. 두 번째 줄은 첫째 줄의 마지막 루프를 세 번 통과해 버튼홀 스티치를 놓는다.
3. 다음 루프는 건너뛰고, 그 다음 루프에 버튼홀 스티치를 세 번 놓는다.

4. 다음 줄에서는 윗줄에서 버튼홀 스티치를 놓지 않은 루프에 버튼홀 스티치를 세 번씩 놓는다.
5. 왔다 갔다 하며 새로운 버튼홀 스티치를 만든다. 모든 스티치는 바로 위 루프를 통과해야 한다.
6. 마지막 줄은 아래 외곽선에 맞춰 천과 함께 꿰매어 모양을 잡아준다.

Note.
작품이 완성되기 전에는 스티치가 위로 당겨져 찌그러져 보이지만, 마지막 줄을 완성하고 나면 쫙 펴진다.

▲ 완성된 트레블 브뤼셀 스티치

코디드 버튼홀 스티치

버튼홀 스티치 중에서도 가장 일반적이며, 매우 유용한 스티치라 할 수 있다. 촘촘한 마무리를 보여주며, 규칙적인 스티치의 표면을 만들어내 활용하기가 가장 쉽다.

1. 도안의 맨 위 끝에서 바늘을 빼낸 다음, 실을 크게 두른 후 바로 오른쪽으로 찔러 넣는다. 실을 완전히 빼지 말고 작은 루프를 만든다. 처음 바늘을 뺀 지점 바로 아래에 바늘을 밑에서 다시 찔러 올려서 루프를 통과하도록 한다.
2. 실을 잡아당겨 실 고리를 팽팽하게 만든 후, 실 고리 바로 오른쪽으로 바늘을 꽂아 다시 버튼홀 스티치를 놓는다.
3. 바늘을 넣은 지점 바로 옆 오른쪽 외곽선에서 바늘을 뽑아 올린 뒤 외곽선 왼쪽에 꽂는다.

4. 실을 잡아 당겨 도안을 가로지르는 코드를 만든다. 그런 다음 바로 아래 왼쪽 윤곽선으로 바늘을 빼낸다.
5. 맨 꼭대기의 루프와 그 아래 코드 밑으로 바늘을 빼내어 버튼홀 스티치를 만든다.
6. 실을 당겨 버튼홀 스티치를 놓는다. 이렇게 윗줄의 루프와 코드를 따라 오른쪽 끝까지 버튼홀 스티치를 채운다. 맨 끝에서는 바늘을 천에 꿰어 넣고 다시 바로 아래로 빼낸다.
7. 앞에서처럼 도안을 가로지르는 코드를 넣고 왼쪽에서 오른쪽으로 버튼홀 스티치를 놓는다. 이렇게 도안을 모두 채운다.

Note.
형태가 넓어질수록 버튼홀 스티치를 놓아야 할 코드가 길어진다.

▶ 면을 완전히 채운 완성 작품

실론 스티치

실론 스티치는 니트 스웨터와 비슷한 느낌을 준다. 울로 작업할 때 가장 잘 어울리지만 어떤 실로 해도 상관없다. 아래 예는 펄코튼으로 작업했다.

Tip 도안이 작은 경우에는 기본선을 카우칭 하지 않아도 된다.

1. 도안의 맨 위 외곽선에 기본 선을 먼저 놓는다. 왼쪽 모서리에 스타팅 스티치를 한 뒤 오른쪽으로 스티치 해나간다. 자수실과 비슷한 색상의 가는 면실을 이용해 카우칭 한다. 카우칭이 끝나면 면실은 마무리해서 잘라낸다.
2. 왼쪽 외곽선 끝에서 바늘을 뽑아 올려 카우칭 한 실 위에서 아래로 빼낸다. 이렇게 오른쪽 끝까지 반복하여 루프를 만들어나간다.
3. 첫 번째 줄 오른쪽 외곽선에 닿으면, 실을 천의 뒷면으로 빼내고, 다시 왼쪽 외곽선으로 돌아와 윗줄 바로 아래 지점에서 빼낸다. 첫 줄의 두 번째 루프에 바늘을 넣어 첫 번째 루프로 빼낸다. 천은 꿰매지 않는다.

4. 실을 잡아당겨 두 번째 줄의 첫 번째 스티치를 만든다.
5. 그 다음 세 번째 루프로 바늘을 넣어 두 번째 루프로 바늘을 빼 두 번째 스티치를 만든다. 이러한 방식으로 끝까지 반복한 뒤 다시 천의 뒷면으로 실을 뺀다.
6. 도안이 모두 메워질 때까지 작업을 계속한다. 마지막 줄에서는 매번 스티치를 할 때마다 천을 함께 꿰매어 고정한다.

금속실 자수
Metal Thread Work

금속실은 스텀프 워크를 더욱 아름답게 꾸미는 데 없어서는 안 되는 재료, 특히 황금색 장식은 스텀프 워크의 단골 레퍼토리다. 전통적인 스텀프 워크에서는 금속실이 적게 활용되지만, 금속실을 많이 사용한 작품들도 있다. 과거에는 대개 은을 도금한 실을 사용했으며, 실의 종류와 기법이 매우 다양했다. 트위스트, 일본실, 컷 펄 cut purls, 리제린 lizerine(평평한 네모의 진주 펄 와이어), 스팽글, 플레이트가 가장 많이 사용된 실이다.

오늘날에는 다양한 색상의 금속실을 구입할 수 있지만, 17세기에는 얇은 와이어에 은색 실을 덮어서 사용했으며 안뜨기를 할 때는 와이어를 긴 바늘에 감아서 사용했다. 금속실은 실크 오간자부터 벨벳에 이르기까지 어떤 천에도 사용할 수 있다.

▶ 브라이트 체크를 이용한 칩을 이용해 화병에 활짝 핀 꽃을 연출하고, 배경천인 실크에 금속 스팽글을 달았다. 실크리본의 노란색 우븐 휠이 칩과 대조를 이루며 서로 보완해준다.

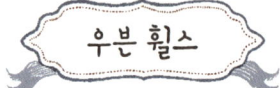

우븐 휠스

거미줄이라고도 하는 이 입체적인 원형 모양은 엘리자베스 시대에는 주로 금속실로 작업되었지만 어떤 실로도 멋진 효과를 낼 수 있다. 먼저 원의 중심에서 방사형으로 골고루 퍼져 나가도록 스트레이트 스티치를 홀수로 작업한다. 일반적으로 바퀴살은 5개나 7개가 적당하다. 두 개의 스티치 사이에서 최대한 원의 중심에 가깝게 실을 빼낸 뒤, 한 개씩 건너뛰며 원 바깥쪽을 향해 실을 나선형으로 돌려 나간다. 이때 바탕천은 뜨지 않는다.

> **Note.**
> 금속으로 작업하면 끝이 잘 무뎌지므로 별도의 자수용 가위를 마련하라.

금속실 카우칭

실버로 작업할 경우는 흰 실로, 골드로 작업할 경우는 노란색 실로 10번 자수바늘을 이용해 카우칭 한다. 스타팅 스티치를 놓기 전, 실에 왁스 칠을 한다.

먼저 스티치 시작점에서 약간 떨어진 곳에 스타팅 스티치를 놓는다. 두 가닥의 금속실을 올려놓고 끝부분을 대략 2.5cm 정도 남긴다.

Tip 금속실을 카우칭 할 때는 두 가닥을 함께하는 것이 훨씬 효과적이다. 일반적으로 일본 금속실과 같은 것은 실 한 가닥으로 카우칭 하고, 컷펄과 같은 것은 두 가닥으로 카우칭 한다.

1. 한쪽에서 바느질실을 빼 금속실 위에 수직으로 스티치 한다. 작업하는 동안 왼손으로 금속실을 반듯하게 잡는다.
2. 3mm 정도 거리를 두고 다음 스티치를 놓는다.
3. 금속실을 따라 일정한 간격으로 깔끔하게 카우칭을 진행한다

Note. 카우칭 스티치를 너무 단단하게 하면 금속실이 울거나 겹쳐질 수 있으므로 금속실이 제자리에서 벗어나지 않을 정도로만 작업한다.

4. 카우칭이 끝나면 바느질실을 마무리하고, 스틸레토나 멜로어 또는 두꺼운 셔닐 바늘을 이용해 카우칭 선이 끝나는 지점에 구멍을 뚫는다.
5. 바느질실로 고리를 만들어 금속실을 한 가닥씩 천 뒷면으로 빼낸다. 49쪽 설명처럼 천의 뒷면에 실을 스티치 해 고정한다.

스팽글

스팽글은 낫처럼 생긴 납작한 금속 조각으로 스텀프 워크에서 개별 모티브 사이의 공간을 채워 넣기 위해 주로 사용된다. 작업을 시작하기 전, 실에먼저 왁스 칠을 한 후 스팽글이 들어갈 자리에 스타팅 스티치를 놓는다.

1. 실 위에 스팽글을 올려놓고 가운데 구멍으로 바늘을 꽂는다.
2. 스티치 세 개를 고르게 놓아 스팽글을 고정한다. 작은 스팽글은 두 개만으로도 충분하다.

브라이트 체크

브라이트 체크는 금색으로 도금한 삼각형 모양의 와이어들이 길게 연결된 실로, 비즈처럼 가운데 구멍으로 실을 꿸 수 있다. 이 작은 칩들을 이용해 아래의 예처럼 공간을 채울 수도 있고, 개별적인 장식으로 사용할 수도 있다. 도안의 이미지를 채우는 경우는 슬립처럼 작업할 수도 있고 바탕천에 직접 작업할 수도 있다.

Tip 외곽선을 넣을 예정이라면 브라이트 체크 작업을 하기 전에 외곽선을 먼저 작업한다. 실 2가닥으로 스티치한다.

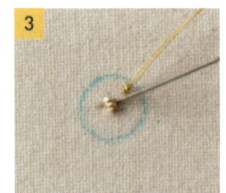

1. 브라이트 체크를 필요한 만큼 자른다. 펠트나 벨벳 위에서 자르면 튀거나 굴러가는 것을 막을 수 있다.
2. 이미지 가운데에 스타팅 스티치를 놓고 천 위로 실을 뺀 뒤, 칩을 실에 꿰고 칩이 끝나는 지점에 바늘을 찔러 뒤로 실을 뺀다.
3. 칩의 길이와 같은 거리를 둔 지점에서 바늘을 뽑아 올린 뒤, 다른 칩을 꿰고 칩이 끝나는 지점에 바짝 붙여 밑으로 뺀다. 그래야 칩들이 천에 바짝 붙는다. 칩들은 제각각 다른 각도로 꿰맨다.
4. 도안을 다 채울 때까지 계속한다. 스티치 방향이 불규칙적으로 다양할수록 더 반짝이는 효과가 난다.

펄 펄

펄 펄은 펄이나 체크보다 더 두꺼운 금속실로 외곽선을 표현할 때 자주 사용한다. 아래 예에 사용된 실은 끝이 둥근 크로스 버전이지만 전통적으로 사용해온 리제린이라고 하는 사각 컷 버전도 좋다. 펄 펄을 적당하게 자르고 가지런하게 반듯이 편다. 작업하는 동안에는 손으로 비틀어지지 않게 잡아준다.

Tip 펄을 카우칭 할 때는 실을 와이어 바깥쪽으로 감지 말고 펄 사이 틈을 통과하도록 한다.

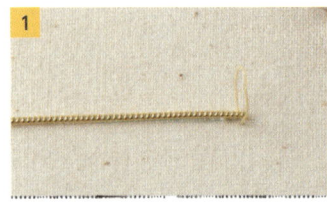
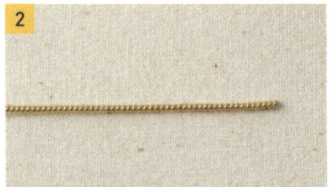

1. 펄 펄을 제 위치에 놓은 뒤 스타팅 스티치를 하고, 첫 번째 펄과 두 번째 펄 사이로 카우칭 스티치를 놓는다.
2. 실을 팽팽히 당기면 딸깍 하는 느낌이 난다. 그 다음 두 번째 펄과 세 번째 펄 사이에 카우칭 스티치를 놓은 뒤 펄 펄이 고정되었는지 확인한다. 그 다음 펄 2~3개 간격을 두고 카우칭 스티치를 한다.
3. 카우칭이 끝나는 지점에서 1㎝ 정도 남았을 때 펄 펄을 가로로 잘라낸다. 맨 끝 두 개의 펄은 시작 지점처럼 완전히 고정한다. 고정 실을 자른다.

펄은 다양한 질감과 색깔로 구입할 수 있으며, 가운데 실을 넣을 수 있는 구멍이 뚫려 있는 금속실로도 구매가 가능하다. 필요한 만큼 잘라서 사용할 수 있다.

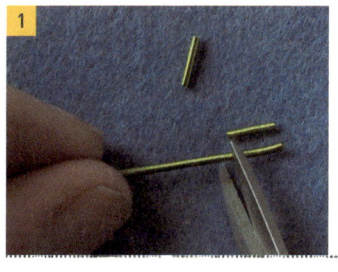

1. 브라이트 체크와 마찬가지로 펄 칩을 자르는데, 이번에는 좀 길게 자른다. 최대한 칩의 길이를 동일하게 유지한다.
2. 펄과 비슷한 색상의 면실 두 가닥으로 스타팅 스티치를 놓고 펄을 끼운다. 펄을 바닥에 붙인 다음, 펄의 길이보다 약간 짧은 지점에 바늘을 찔러 넣고 실을 뺀다. 그러면 펄이 살짝 구부러진다.
3. 줄기 반대편에도 똑같이 펄을 작업하여 나뭇잎을 완성한다.
4. 천 뒤쪽으로 실을 끌어 같은 방법으로 옆의 나뭇잎도 만든다. 이와 같은 방식으로 나뭇잎들을 완성해나간다.

금속 펄 입체 루프

▼ 천 위에 만든 펄 루프

1. 실 두 가닥을 이용해 스타팅 스티치를 놓고 펄 칩에 바늘을 끼운다. 바늘을 뺀 지점과 가까운 곳에 바늘을 찔러 실을 빼낸다. 펄이 루프 형태로 구부러진다.

플레이트

여기서는 스트링 패딩 위에 넓은 실버 플레이트로 초승달을 만든다. 좁은 플레이트도 가능하지만 클수록 만들기가 쉽다. 골드 플레이트도 물론 가능하다. 스트링 패딩 기법은 86~87쪽에서 설명한다.

Tip 아래에서 실을 잡아당기는 정도에 따라 금속의 팽팽함이 달라진다. 과도하게 잡아당기지 않도록 조심한다.

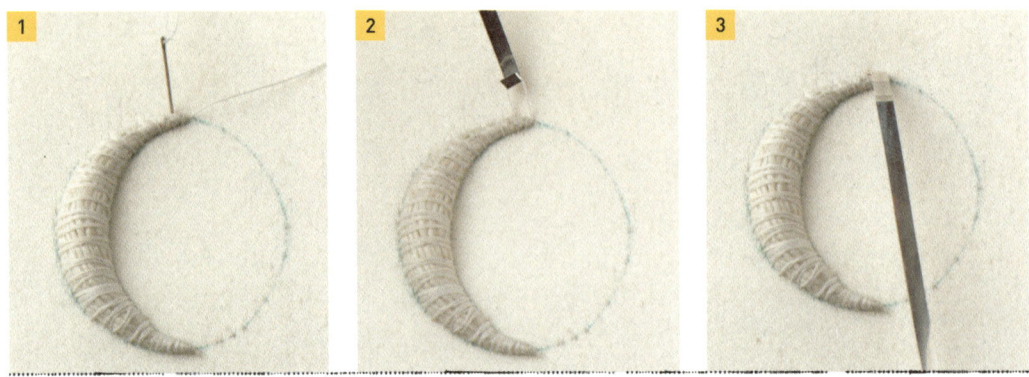

1. 왁스를 칠한 흰 면실을 바늘에 꿰어 초승달 맨 위쪽에서 뽑는다. 플레이트 넓이로 패딩 처리된 초승달의 외곽선에 스티치를 한 땀 놓는다.
2. 핀셋으로 플레이트의 끝을 구부려 스티치에 건다.
3. 스티치를 당긴 후, 플레이트로 초승달의 가장자리를 덮는다.

4. 실을 반대편 외곽선으로 가져가 플레이트 위로 스티치를 놓는다.
5. 플레이트가 접히도록 실을 팽팽하게 잡아당긴 채 플레이트를 바깥쪽으로 접는다.
6. 플레이트가 구부러지지 않게 조심하면서 첫 번째 스티치의 중간 지점에서 바늘을 뽑아낸다.

7. 플레이트 위로 다음 스티치를 놓고 실을 밑으로 당기면서 동시에 플레이트를 반대쪽으로 접는다. 앞의 과정과 동일하게 반대편 외곽선으로 가서 이전 스티치의 중간 지점에서 바늘을 뽑아낸다.
8. 계속 반복하여 초승달 전체를 덮는다.
9. 마지막 부분에서는 처음 부분과 마찬가지로 플레이트를 잘라 접어 후크를 만든다.
10. 후크를 넣고 마지막 스티치를 놓은 실은 일반적인 방법으로 마무리 짓는다.

▶ 새의 넓적다리 부분을 위에서 본 예와 같은 방식으로 플레이트를 이용해 완성했다. 새 꼬리 깃털도 실버 플레이트로 작업한 것인데, 평면에 플레이트를 놓고 색실로 표면에 스티치를 놓았다. 베키 호그 Becky Hogg 작품

stumpwork

기법

기법
Techniques

스텀프 워크는 패딩, 슬립 등 다양한 재료를 활용한 랩핑 기법과 더불어 주변 사물들이나 특별한 소재들을 부착하는 것이 눈에 띄는 특징이다. 이 장에서는 스텀프 워크에 사용되는 모든 기법을 소개한다.

지금까지 평면 스티치나 입체 스티치와 같은 기술에 대해서 설명했는데, 이러한 것들은 패딩이나 슬립 같은 요소와 함께 적용될 때에만 진정한 스텀프 워크로 탄생한다.

이 장에서는 5가지 유형의 패딩과 6가지 유형의 슬립에 대해서 설명할 것이다. (슬립은 별도의 천에 작업해서 나중에 바탕천에 붙일 수 있다.)

그리고 랩핑에 사용되는 재료와 주변의 일상적인 사물을 활용하는 법에 대해서도 설명할 예정이다. 이 두 기법은 다양한 요소의 혼합, 유머, 순수함, 천진난만함과 같은 스텀프 워크만의 매력을 불어넣어준다.

▶ 67쪽 작품을 확대한 사진이다. 양귀비 가운데는 실로 감은 커다란 비즈가 자리 잡고 있고, 터키 러그 스티치 두 줄과 실크 리본 루프 한 줄이 둘러싸고 있다. 꽃잎은 색상을 입힌 펠트로 되어 있고, 와이어가 들어간 실크코드로 외곽선을 처리했다. 수공예품 전문점에서 구입한 깃털로 마무리 장식을 하여 다소 화려한 느낌을 준다.

◀ 실크 리본으로 감싸 만든 사과 한 개가 실크사를 카우칭 한 가지에 매달려 있다. 사과나무의 줄기는 실을 감은 와이어로 비즈의 꼭지 속으로 들어가 있고, 나뭇잎은 와이어가 들어간 버튼홀 슬립으로 처리했다. 잎과 줄기의 디테일을 표현하기 위해 스트랜디드 코튼으로 스트레이트 스티치와 스템 스티치를 놓았다.

▶ 개미의 몸통은 블리언 노트 스티치를 사용해 표현했고, 머리와 다리는 비즈와 스트레이트 스티치로 표현했다. 앞에 있는 개미가 운반하는 낙엽의 앞쪽은 버튼홀 스티치로, 어두운 색상의 뒤쪽은 코드를 넣은 버튼홀 슬립으로 표현했다.

패딩
Padding

17세기에는 마모(馬毛), 양털, 인조가죽, 송아지 가죽, 실 뭉치 등을 패딩 재료로 사용했다. 지금도 동물 털은 패딩 펠트나 슬립을 만들 수 있는 최고의 재료이지만 가격이 너무 비싸 마모 대신 카펫 펠트, 린넨 대신 면을 사용하는 경우가 많다.

스티치드 패딩

스티치드 패딩은 작은 면을 채울 때 적합하다. 일반적으로 스트랜디드 코튼으로 작업하지만 작품에 따라 적당한 실을 사용해도 상관없다. 기본적으로 3가닥의 실을 사용하지만, 도안의 크기와 패딩의 모양에 따라 2~5가닥까지 다양하게 사용할 수 있다.

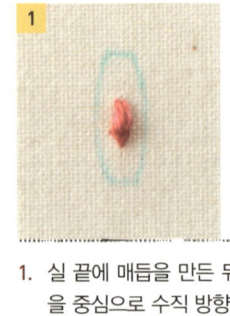 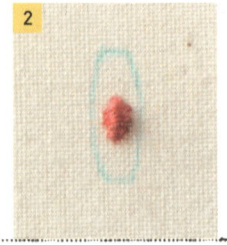 

1. 실 끝에 매듭을 만든 뒤 도안 가운데 지점에서 실을 밑으로 뺀다. 매듭을 중심으로 수직 방향으로 2~3회 스티치를 놓는다.
2. 수직 스티치 위로 3~4회 수평 방향으로 스티치를 놓는다.
3. 이러한 방식으로 도안을 채울 때까지 반복한다. 외곽선까지 완전히 채우고 수직 스티치와 수평 스티치가 직각이 되도록 한다.

Note.
바늘을 바탕천 밑에서 옮겨 가며 가능한 촘촘하게 스티치를 놓는다. 이렇게 하면 앞면은 볼록하게 튀어나오지만 뒷면은 오른쪽 사진처럼 평평한 모양이 된다.

◀ 펠트로 만든 꿀벌의 몸통은 울로 채워져 있다. 실크 리본을 이용한 노란색 스트라이프와 스트랜디드 코튼에 검정색 스트라이프로 새틴 스티치를 놓은 것이다. 머리는 나무 비즈를 검은색 실로 감아 표현했다.

펠트 패딩

코튼 펠트는 곡선 모양 패딩을 채우거나 덮을 수 있는 완벽한 패딩 재료다. 작은 도안은 스티치를 한 뒤 울을 채워 디태치드 버튼홀 스티치를 놓거나 아플리케하여 만들 수 있다. 인물을 표현할 때는 펠트를 도안보다 크게 자르고, 옷을 입히기 전에 스티치 하여 속을 채운다. 패딩할 도안은 펠트에 파운스 기법으로 그린 다음, 도안보다 1~2㎜ 정도 크게 자른다.

Tip 펠트에 패딩을 넣을 때는 항상 가장 핵심이 되는 지점부터 스티치 해야 한다. 대개 긴 변보다는 모서리나 꼭대기가 그런 지점이다. 바탕천에 펠트를 스티치 해서 고정하고 위에서 아래쪽으로 패딩을 채워나 간다.

Note. 펠트 크기가 새의 이미지보다 더 커야 속을 채울 수 있는 공간이 만들어진다.

1. 아주 가는 바늘(12번이나 10번)에 바느질용 실 1가닥을 꿰어 바탕천에 스타팅 스티치를 놓는다. 바탕천에 패딩을 넣을 새 모양 펠트를 올려놓고 목 부분에 촘촘한 스태브 스티치를 놓아 고정한 다음, 위쪽 지점에도 몇 번 스티치를 놓아 펠트를 바탕천에 고정한다.

2. 반대쪽 목을 표시하는 지점에도 스태브 스티치를 놓고, 머리 꼭대기에도 스태브 스티치를 한 땀 놓아 자리를 잡는다. 그 사이를 1~2mm 정도 간격으로 스티치 하여 채운다.

Note. 패딩에 넣을 재료는 부드러운 동물의 털이나 천연섬유가 가장 좋다. 코튼 울을 사용해도 되지만 작업이 어렵고 울퉁불퉁해지기 쉽다.

3. 핀셋으로 소량의 양털 뭉치나 코튼 울을 스티치 사이로 밀어 넣는다. 머리통을 완전히 채운다.
4. 몸통의 2/3 지점까지 선을 따라 스티치를 하고 앞 단계처럼 속을 채워 넣는다.
5. 나머지 부분도 패딩을 넣고 마무리한다.

스트링 패딩

스트링은 촘촘하고 견고한 패딩을 만들어낸다. 또한 컷워크 cut work (도안을 감침질하고 나서 천을 잘라내 모양을 만드는 기법)나 금속 플레이트에 사용하는 재료로도 사용한다. 실버 플레이트를 작업할 때는 흰 스트링을, 골드 플레이트를 작업할 때는 노란 스트링을 사용한다. 작업을 시작하기 전에 스트링에 왁스를 두껍게 바른다.

1. 스트링을 접은 뒤 패딩을 충분히 채울 수 있는 양인지 확인한다. (여기서는 초승달 모양을 채운다.) 스트링 다발은 위아래 양쪽 모두 최소한 4cm 이상 여유가 있어야 한다.
2. 스트링 위아래의 루프를 모두 자른다.
3. 스트링으로 가려질 중앙 부분에 왁스 칠한 흰 실 2가닥으로 스타팅 스티치를 놓는다. 스트링 다발을 초승달 이미지 안에 놓고 중앙에 2~3mm 간격으로 스티치를 두 번 놓는다. 스티치는 바깥쪽 외곽선에서 바늘을 빼서 반대편 안쪽 외곽선 밑으로 놓는다.

4. 스트링을 한쪽으로 꺾어 붙잡고, 앞에서 넣은 2개의 스티치를 잡아주는 홀딩 스티치를 패딩 넣는 자리 가운데에 놓는다.
5. 맨 밑에 깔린 스트링을 찾아 밑동을 잘라낸다. 이때 다른 스트링을 자르지 않도록 조심한다.
6. 스트링을 다시 놓은 후 앞에서 뜬 2개의 스티치 바로 위에 2개의 스티치를 더 놓는다. 4번과 마찬가지로 스트링을 꺾어 붙잡고 다시 홀딩 스티치를 놓아 고정한다.

> **Note.**
> 밑바닥 스트링을 차례차례 잘라내면 끝으로 갈수록 가늘어지는 초승달의 모양을 부드럽게 연출할 수 있다.

> **Note.**
> 각 단계마다 스트링을 몇 개씩 잘라냈는지 메모해두면 반대편을 작업할 때도 똑같이 반복할 수 있다. 이렇게 해야 패딩이 위 아래 모두 고르게 들어간다.

7. 5번처럼 또 밑동을 잘라내는데 이번에는 몇 가닥 더 많이 잘라낸다.
8. 또 앞에서 뜬 스티치 바로 위에 스티치를 두 번 더 놓고 홀딩 스티치를 놓는다. 초승달의 맨 끝까지 5번과 6번의 작업을 반복한다. 마지막에 2~3가닥의 스트링만 남도록 적절하게 계산해 스트링을 잘라나간다.

  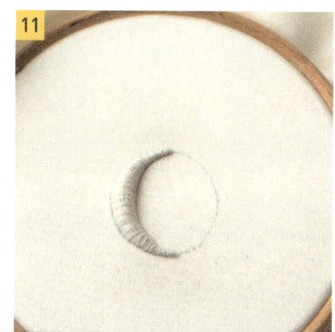

9. 날카로운 자수용 가위로 마지막 스트링을 잘라 초승달의 모서리를 표현한다.
10. 초승달의 맨 끝 모서리에서 바늘을 뽑아 패딩 위에서 바늘을 밑으로 빼낸다. 이 스티치 위로 가로질러 스티치를 두 번 놓는다.
11. 아래쪽도 똑같은 방식으로 작업한다. 위쪽에서 단계마다 제거한 스트링의 수를 똑같이 맞춰 작업하면 위 아래 패딩이 균형을 이룬다

빌렌 패딩

펠맷 빌렌 Pelmet Vilene 은 간결하고 견고한 느낌을 주는 패딩을 만들고자 할 때 활용하는 기법이다. 스티치로 감싸거나 천으로 덮을 수 있고, 패딩으로 속을 채워 높이가 도드라지게 할 수도 있다.

▶ 장미의 꽃잎은 제각각 펠맷 빌렌으로 연출했는데, 바탕천에 펠맷 빌렌을 작업한 뒤 새틴 스티치를 놓았다. 꽃의 중앙은 나무 비즈를 버튼홀 스티치로 감쌌다.

새틴 스티치가 들어간 빌렌

1. 빌렌에 도안을 그린 후 외곽선을 따라 잘라 준다. 흰 바느질실 1가닥으로 바탕천 위에 빌렌을 놓고 스타팅 스티치를 놓는다. 스타팅 스티치와 가까운 가장자리 지점에 작은 러닝 스티치를 놓는다.
2. 빌렌의 가장자리를 러닝 스티치로 두른다.

Note.
러닝 스티치 대신 스태브 스티치로 빌렌을 고정하면 표면이 고르게 되지 않으므로 주의한다.

3. 빌렌 중앙에 색실 1가닥으로 스타팅 스티치를 놓는다. 빌렌의 중심과 가까운 바깥 지점에서 바늘을 빼 올린다.
4. 바늘을 반대쪽 외곽선으로 집어넣는다. 새틴 스티치로 빌렌의 표면을 메워나간다.
5. 상단이 완성되면 나머지 하단을 메운다. 필요하면 실의 색상을 바꿀 수도 있다. 프렌치 노트 스티치로 바닥을 마무리한다.

빌렌 감싸기

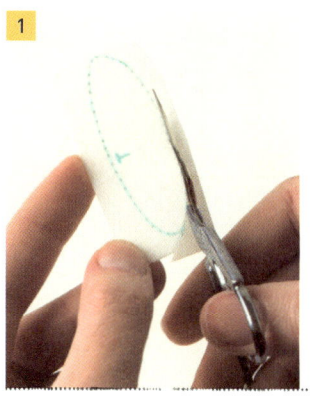  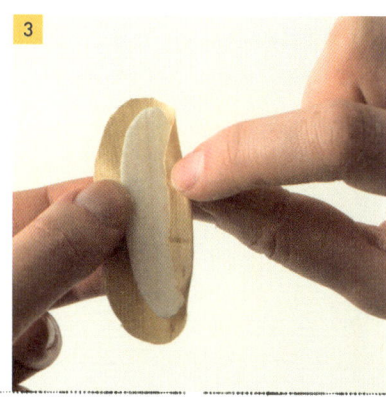

1. 파운싱을 이용해 빌렌에 도안을 옮긴 다음 파란색 수용성 펜으로 외곽선을 그린다. 도안의 위쪽을 표시한다(여기서는 'T'라고 표시했다). 선을 따라 자른다.
2. 도안 뒷면 전체에 양면테이프를 붙인다. 여분의 양면테이프는 잘라내고 보호필름을 제거한다.
3. 양면테이프를 붙이지 않은 면을 빌렌을 감쌀 천 뒷면에 올려놓고 5㎜ 정도 크게 잘라낸다. 빌렌보다 큰 천의 가장자리를 접어서 양면테이프를 칠한 면에 붙인다.

Note.
빌렌 도안이 클 경우에는 접어서 감쌀 천의 여백도 많이 남긴다.

4. 천이 매끄럽게 접히지 않는 부분은 같은 색상의 실로 왔다 갔다 바느질하면서 고정해준다.
5. 1가닥의 실을 꿰어 감싸진 빌렌을 스태브 스티치를 놓아 바탕천에 붙인다. 도안의 맨 끝단을 꿰어 바늘을 뽑아 올린 후 바탕천으로 빼낸다.

우드

작은 나무를 코 모양으로 조각하여 미세한 면 슬립 아래에 붙였다. 17세기에는 나무나 왁스를 조각해 만든 손, 배, 오렌지 등을 팔았다. 과일 모형은 흔히 니들레이스로 겉면을 장식하는데, 오늘날에는 비슷한 용도로 사용할 수 있는 다양한 크기의 나무 비즈를 쉽게 구할 수 있다.

코를 나무에 붙이는 방법은 119~120쪽에서 설명한다. ▲

슬립
Slips

슬립이란 니들레이스나 와이어를 넣은 천과 같이 별도로 작업하여 바탕천에 부착하는 자수 기법이다. 슬립은 어떤 모양이든 가능하다(하지만 너무 복잡한 이미지는 피하는 것이 좋다). 패딩을 넣거나 넣지 않을 수도 있고, 패딩 위에 올릴 수도 있다.

천 슬립

다양한 천을 이용하여 슬립을 만들 수 있다. 실크 오간자는 골드 워크를 포함해 어떤 스티치도 받쳐주고 접기 쉬워서 인기가 좋다. 공간은 비워둘 수 있고, 프렌치 노트 스티치, 블리언 노트 스티치, 터키 러그 스티치, 루프, 금속 칩과 비즈 등으로 채울 수도 있다. 이러한 슬립에는 실크 오간자나 가벼운 캘리코와 같은 얇은 천을 사용한다. 천 슬립은 비교적 단순한 도안을 선택해야 한다. 도안이 복잡하면 작업하는 것이 상당히 어려워질 수 있다.

여기서는 프렌치 노트 스티치로 채운 실크 오간자 슬립을 만드는 법을 살펴본다. 물론 프렌치 노트 스티치 대신에 다른 스티치를 놓아도 상관없다.

▶ 실크 워크, 금속실, 비즈를 사용한 작품. 블랙베리는 작은 솜 한 뭉치로 패딩을 만든 후, 그 위에 프렌치 노트 스티치로 채운 슬립이다.

프렌치 노트 슬립

1. 작은 자수용 원형 틀에 실크 오간자를 고정한 후 파란색 수용성 펜으로 도안을 그린다. 패딩 작업 등으로 인해 수축이 되는 것을 감안하여 원하는 크기보다 약간 크게 그린다.
2. 가운데부터 바깥쪽으로 스티치를 채워놓는다. 여기서는 프렌치 노트 스티치로 채운다.
3. 외곽선까지 틈이 생기지 않도록 빽빽하게 채운다. 자수 실을 마무리 짓는다.

4. 바늘에 바느질실을 꿰어 실 끝에 매듭을 묶고 외곽선에서 5mm 정도 거리를 두고 작은 러닝 스티치를 놓는다. (도안이 복잡할 경우에는 더 작게 스티치를 놓는다.) 남은 실은 자르지 않고 남겨둔다.
5. 원형 틀을 빼고 잘 드는 자수용 가위로 러닝 스티치 바깥으로 5mm 정도 거리를 두고 잘라낸다. 이때 남겨둔 바느질실을 자르지 않도록 주의한다.
6. 남겨둔 바느질실을 잡아당겨 바깥에 남은 천을 뒤쪽으로 모은다. 3~4회 정도 실크 오간자를 떠 바느질실을 고정하고, 남은 실은 자르지 않고 그대로 둔다. 이 실을 이용해 슬립 가장자리를 바느질하여 바탕천에 부착한다. 슬립 안쪽에 공간이 생기도록 슬립을 살짝 구부리면서 외곽선을 따라 바느질한다.

7. 작은 틈을 남기고 슬립의 가장자리를 모두 바느질한다.
8. 핀셋으로 작은 솜 한 뭉치를 슬립 안쪽으로 밀어 넣는다.
9. 솜을 넣은 후 바느질하여 틈을 막고 마무리 짓는다.

카운티드 캔버스 슬립

카운티드 캔버스 슬립은 마무리 후 바탕천에 부착하는 방법이 천 슬립과 약간 다르다. 28수(1인치당 실이 28가닥 들어가는) 린넨처럼 부드러운 린넨이나 얇은 캔버스에 텐트 스티치, 고블랭, 크로스 스티치와 같은 카운티드 스티치로 이미지를 채워 나간다.

Tip 텐트 스티치를 시작하기에 앞서 린넨을 완벽하게 채우는 데 실이 얼마나 필요한지 파악한다. 여기서는 3가지 실이 사용되었다. 텐트 스티치로 작업할 때는 항상 작품의 뒤쪽으로 스티치를 길게 놓는다.

텐트 스티치로 표현한 린넨 슬립

먼저 실크 오간자 위에 도안을 그린 다음 패딩을 넣을 경우 2㎜ 정도 더 크게 그린다. 패딩 위에 올려놓고 크기가 맞는지 확인하고, 필요하다면 도안을 좀 더 키우거나 잘라낸다.

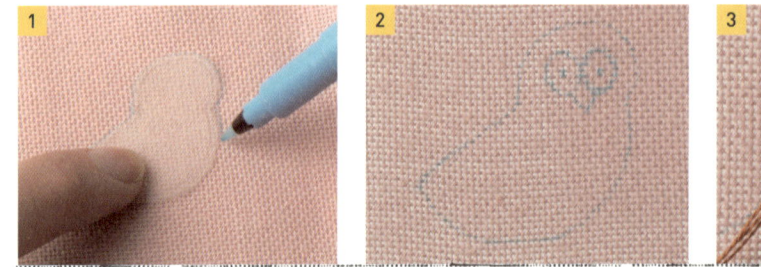

1. 작은 자수틀 위에 린넨을 끼우고, 린넨 위에 실크 오간자 도안을 올린 후 파란 수용성 펜으로 외곽선을 그린다.
2. 도안 안에 있는 그림(눈과 부리)은 구멍을 뚫어 파운싱으로 그려 넣는다.
3. 실 끝에 매듭을 묶고 도안 맨 위 왼쪽으로 바늘을 넣어 오른쪽 맨 끝으로 실을 뽑아 올린다. 사선으로 작은 스티치를 왼쪽 끝까지 이어나간다. 왼쪽 아래 칸에서 오른쪽 윗 칸으로 가로실(씨실)과 세로실(날실)을 가로질러 스티치 한다.

4. 실매듭을 잘라내고 아래 씨실에서 왼쪽에서 오른쪽 방향으로 사선 스티치를 놓는다. 이번에는 오른쪽 위에서 왼쪽 아래로 스티치 한다.
5. 이와 같은 방식으로 오른쪽 왼쪽을 왔다 갔다 하며 도안을 모두 메운다. 필요한 부분에서는 실의 색을 바꾼다. 이 작업을 끝내고 나면 스템 스티치, 프렌치 노트 스티치, 스트레이트 스티치로 도안 내부에 있는 세부적인 요소들을 작업한다.
6. 천 뒷면에 스티치 외곽선을 따라 자수용 접착제를 칠한다. 스티치가 끝나는 지점에 풀칠이 되었는지 확인한다.

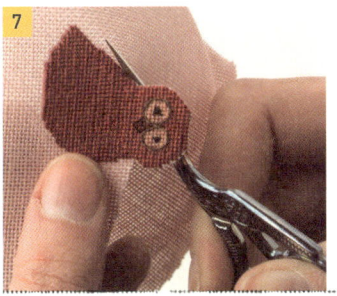  

7. 자수틀에서 린넨을 뺀 후 도안을 오린다.
8. 가는 바늘에 자수와 같은 색 면실이나 투명한 실을 꿰어 패딩 위에 스타팅 스티치를 놓는다.
9. 매듭을 자른 후 바늘을 도안의 모퉁이나 구부러진 곳에서 패딩의 외곽선과 최대한 가깝게 바탕천으로 뽑아 올린다. 여기서는 머리와 몸통이 만나는 오른쪽 지점에 첫 번째 스티치를 놓았다. 슬립에도 그에 상응하는 지점에 작은 스티치를 놓는다.

  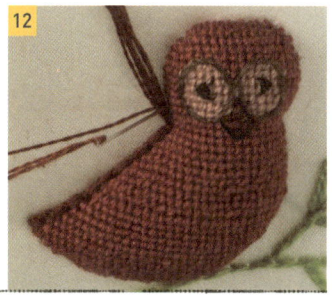

10. 새의 목 왼쪽 부분과 머리 꼭대기를 먼저 홀딩 스티치로 고정해준 다음 그 사이를 2~3mm 간격으로 스태브 스티치 하여 채운다.
11. 몸통도 같은 방법으로 주요 지점에 3~4개의 홀딩 스티치를 놓아 고정한 뒤 그 사이를 스태브 스티치로 채운다.
12. 실크코드나 실 몇 가닥으로 외곽선을 카우칭 한다. 카우칭 하는 실을 몸통과 머리가 만나는 지점에서 바탕천으로 빼낸 후 슬립의 가장자리를 둘러 처리한다(50쪽 참조).

Note.
슬립의 뒷면이 보이지 않게 하려면 스템 스티치를 놓을 때, 슬립 위로 바늘을 배내고 바탕천으로 바늘을 빼내야 한다.

◀ 완성된 자수

와이어를 넣은 천 슬립

와이어를 넣은 천 슬립은 꽤 시간이 걸리는 작업이지만 그만한 가치가 있다. 아름다운 꽃잎을 만들 수도 있고, 부드러운 실크 오간자를 이용해 곤충의 날개를 표현할 수도 있다.

> **Note.**
> 종이로 감싼 와이어를 자를 때, 도안의 크기보다 양끝을 4㎝ 정도 길게 자른다.

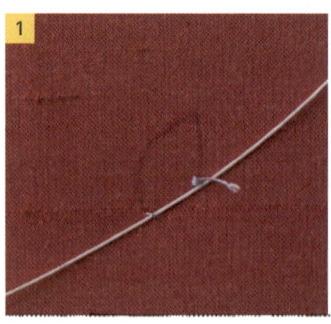
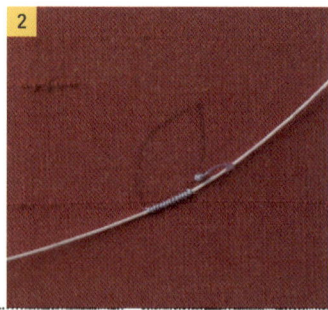

1. 작은 자수틀에 천을 고정하고 도안을 그린다. 실 매듭을 묶은 후, 자수 바탕천에 붙일 부분에서 1㎝ 정도 떨어진 외곽선 위에서 바늘을 천 뒤로 뺀다. 다시 바탕천에 붙일 지점에서 바늘을 뽑아 올려 와이어 위로 스티치 한다.
2. 매듭이 있는 지점까지 와이어를 카우칭 한다. 스티치 사이에 빈틈이 생기지 않도록 트레일링Trailing 기법으로 작업한다.

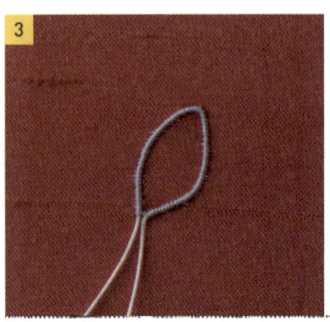
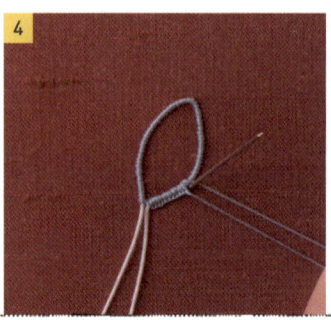
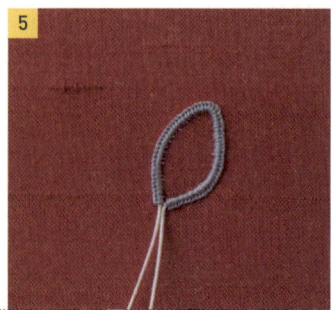

3. 매듭에 도달하면 매듭을 잘라낸 다음 계속해서 카우칭을 한다. 나뭇잎을 모두 카우칭 하고 난 뒤 바탕천에 붙일 지점에서 도안 안쪽으로 마무리한다.
4. 새 실을 사용해 카우칭 한 위로 버튼홀 스티치를 놓는다. 나뭇잎의 안쪽으로 바늘을 넣고 나뭇잎 바깥으로 바늘을 빼 루프를 통과하게끔 한다.
5. 버튼홀 스티치로 테두리를 완전히 메우고 난 뒤, 바탕천에 붙일 지점에서 도안 안쪽으로 마무리한다.

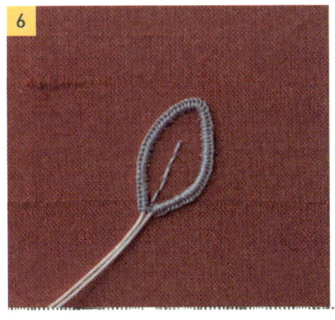 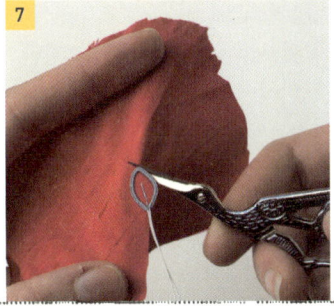 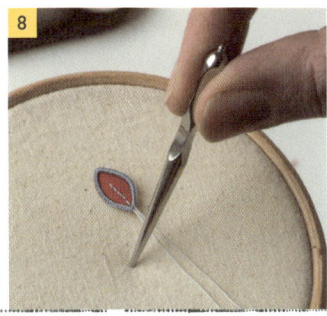

6. 도안 내부에 세부 작업을 하고 마무리한다.
7. 자수틀에서 천을 빼내고 나뭇잎을 오린다. 버튼홀 스티치에 최대한 가깝게 가위를 바짝 대고 오린다.
8. 바탕천에 슬립 넣을 자리를 정한 후, 구멍을 뚫어 와이어를 넣는다.

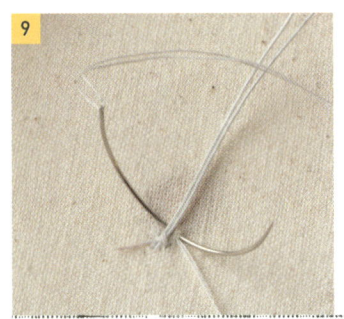 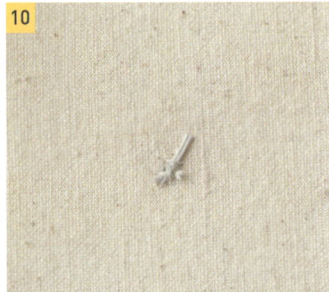 

9. 천 아래에 와이어를 구부린 후, 곡선 바늘에 흰 실(바탕천과 비슷한 색으로)을 페어 스티치 한다.
10. 남은 와이어를 잘라내고 실을 정리한다.
11. 완성된 슬립

▶ 꽃잎을 와이어를 이용한 천 슬립으로 표현했다. 노란 꽃잎은 가운데 더블 백 스티치를 놓아 장식했다. 와이어를 부착한 중심부는 커다란 비즈로 덮었다.

와이어를 넣은 필링 스티치 슬립

와이어로 모양을 만든 슬립을 스티치로 채우려면 천이 튼튼하고 고와야 하는데, 실크 오간자가 가장 적합하다. 스티치는 새틴 스티치, 실크 쉐이딩, 체인 스티치, 스템 스티치, 스트레이트 스티치 등 다양한 기법을 활용할 수 있다. 먼저 종이를 감은 와이어를 적당한 길이로 자른다.

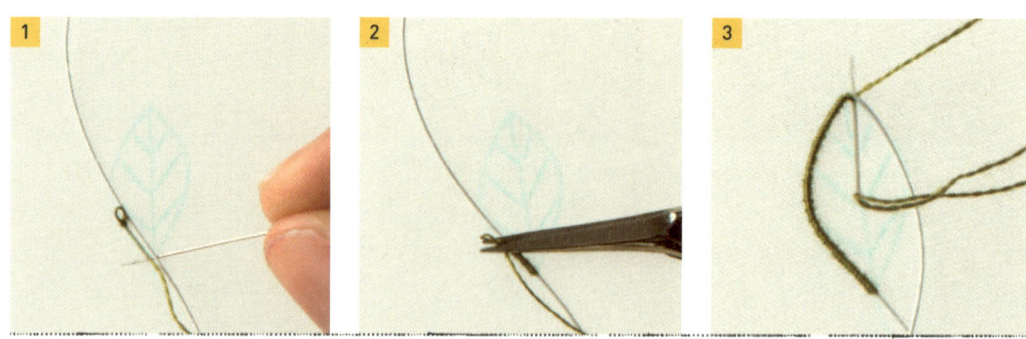

1. 작은 자수틀에 오간자를 고정하고 도안을 그린다. 실 매듭을 묶은 후, 자수 바탕천에 붙일 부분에서 1cm 정도 떨어진 외곽선 위에서 바늘을 천 뒤로 뺀다. 다시 바탕천에 붙일 지점에서 바늘을 뽑아 올려 와이어 위로 스티치 한다.
2. 매듭이 있는 지점까지 와이어를 카우칭 한다. 스티치 사이에 빈틈이 생기지 않도록 작업한다.
3. 나머지 와이어도 카우칭 한다.

4. 나뭇잎 외곽선 전체를 카우칭 하고 나면 아래쪽 가운데 지점부터 이파리 끝 방향으로 잎맥을 스티치 한다.
5. 잎맥 오른쪽 윗부분부터 새틴 스티치로 메운다.
6. 앞에서 새틴 스티치로 메운 지점 바로 아래 왼쪽 공간을 같은 방법으로 메운다. 도안의 안쪽에 미리 홀딩 스티치를 놓는다.

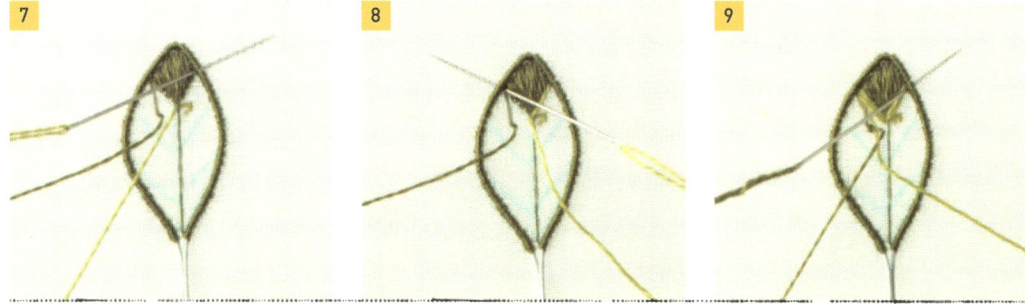

7. 새틴 스티치로 채운 오른쪽 윗부분 바로 밑으로 잎맥을 표현하기 위해서는 다른 색상의 실로 먼저 스타팅 스티치를 놓고 오른쪽 맨 윗부분으로 바늘을 넣는다.
8. 가운데 지점으로 스티치를 놓아 잎맥을 완성하고 같은 방법으로 왼쪽 잎맥도 완성한다.
9. 스티치를 양쪽에 한 줄씩 더 놓아 잎맥을 두껍게 표현한다. 실은 자르지 말고 한쪽으로 치운다.

10. 앞에서 설명한 방법대로 또 잎의 면을 완성한 다음 잎맥을 놓는다.
11. 나뭇잎을 모두 채우면 녹색 실은 마무리한다. 잎맥을 표현하는 데 사용한 노란색 실로 잎맥의 아랫부분부터 위로 스템 스티치를 놓는다.
12. 나뭇잎 뒷면에 러닝 스티치를 놓아 마무리한다.

13. 천에 붙일 부분 아래 지점부터 외곽선을 모두 버튼홀 스티치로 촘촘하게 작업한다. 나뭇잎의 안쪽으로 바늘을 넣고 나뭇잎 바깥으로 바늘을 빼 루프를 통과하게끔 하여 버튼홀 엣지가 나뭇잎 바깥을 향하도록 한다.
14. 버튼홀 스티치가 끝나면 마무리한 뒤, 자수틀에서 천을 떼어 나뭇잎을 바싹 오려낸다.
15. 완성된 나뭇잎은 95쪽에서 설명한 대로 자수에 붙인다.

니들레이스 슬립

니들레이스 코르도네는 지지하는 천 맨 위에서 작업하는 니들레이스의 한 종류이다. 스티치를 놓을 영역을 지지하는 역할을 할 수 있도록 외곽선에 코르도네를 먼저 작업한다. 트레이싱 페이퍼는 도안을 그려넣을 때뿐만 아니라 천과 니들레이스를 쉽게 분리할 수 있게 해주는 칸막이로 활용한다. 아래의 예는 100쪽에 소개하는 소녀의 소매 부분이다.

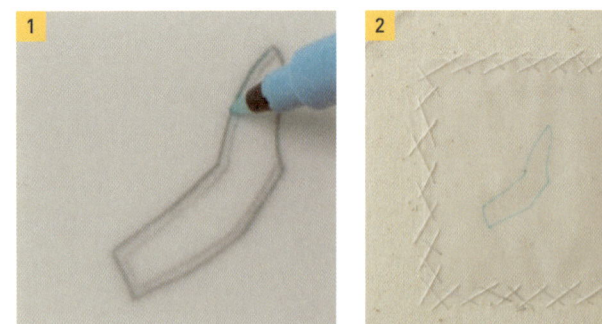
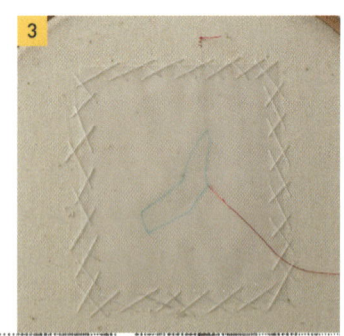

1. 먼저 트레이싱 페이퍼에 도안을 그린 후, 패딩 넣을 것을 고려해 원래 도안보다 1~2mm 정도 바깥으로 더 큰 외곽선을 그려 넣는다. 여기서는 솔기 부분을 뺀 나머지 부분을 크게 그렸다.
2. 도안 주변의 공간을 충분히 확보하고 넓은 직사각형 모양으로 트레이싱 페이퍼를 자른다. 헤링본 스티치나 러닝 스티치로 트레이싱 페이퍼를 자수틀에 넣은 천 조각에 꿰매어 고정한다.
3. 작품에 사용할 실과 대비되는 색상의 실을 바늘에 꿰어 트레이싱 페이퍼 바깥쪽 천에 스타팅 스티치를 놓는다. 그리고 바늘을 도안의 모서리에서 위로 뺀다.

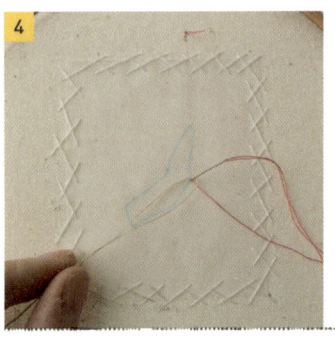
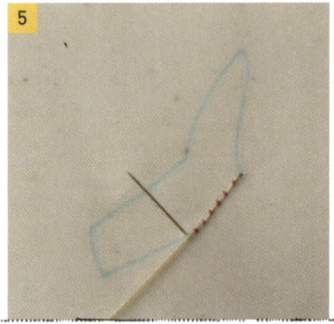

4. 코르도네와 니들레이스는 같은 실을 사용한다. 이 실을 길게 빼 두 겹으로 접는다. 이 실은 외곽선을 두르고도 5cm 정도 남을 만큼 남겨 자른다. 바늘을 다시 뽑아 올린 자리와 가까운 지점으로 루프를 통과해 천 뒤로 집어넣는다.
5. 색실을 당겨 도안의 외곽선을 따라 코르도네를 카우칭 한다. 스티치는 적당한 간격(2mm 정도)을 두고 일정하게 반복한다.
6. 카우칭이 끝나면 코르도네 실을 바늘에 꿰어 루프를 통과해 빼낸다.

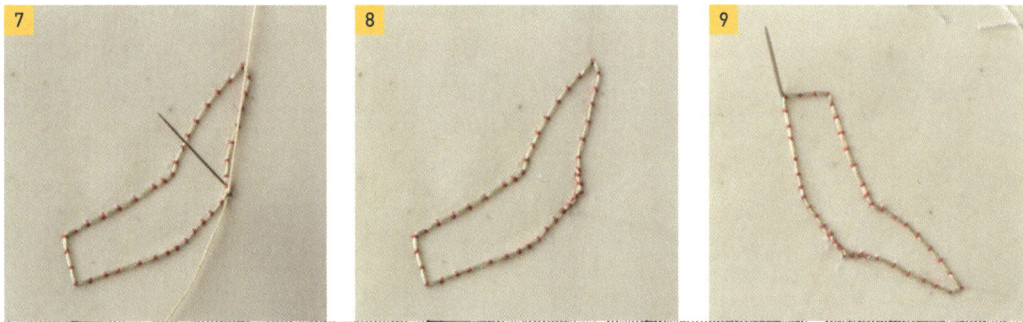

7. 루프를 통과해 실을 뽑아 올린 다음, 두 가닥의 실을 정반대 방향으로 당긴다. 양쪽으로 카우칭 스티치를 2~3회 놓아 코르도네 실을 고정한다.
8. 코르도네 실을 자른 뒤 카우칭 실도 트레이싱 페이퍼에서 보이지 않도록 마무리 짓는다.
9. 코르도네 실과 같은 실을 사용하여 스타팅 스티치를 놓는다. 가능한 한 니들레이스를 시작하고자 하는 곳에서 멀리 떨어진 곳에 스타팅 스티치를 놓는 것이 좋다. 도안의 모서리나 꺾이는 지점 바깥쪽에서 바늘을 뽑아 올린다.

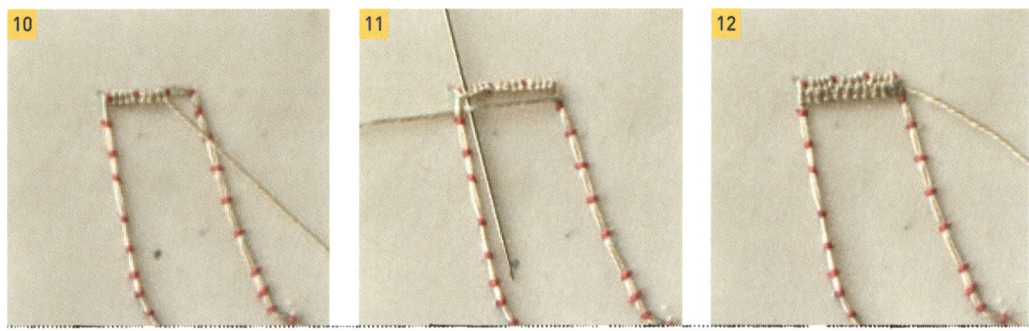

10. 왼쪽에서 오른쪽으로 버튼홀 스티치로 메워 가는데 매번 스티치 할 때마다 코르도네 밑을 통과하도록 한다(천은 꿰매지 않는다).
11. 오른쪽 끝에 도달하면, 코르도네 밑으로 바늘을 밀어 넣고 반대쪽으로 실을 뺀다(72쪽 코디드 버튼홀 스티치와 같이). 윗줄의 첫 번째 루프에 바늘을 넣어 버튼홀 스티치를 놓는다.
12. 이와 같은 방법으로 오른쪽 끝까지 버튼홀 스티치를 놓고, 앞에서와 마찬가지로 바늘을 코르도네 밑으로 넣어 다시 다음 줄을 시작한다.

색깔 바꾸기

13. 실의 색상을 바꾸려면, 한 줄이 끝난 뒤 코르도네를 2~3회 감는다. 트레이싱 페이퍼 바깥에 바늘을 고정한 뒤 실이 풀리지 않도록 감아둔다.
14. 새로운 색실을 바늘에 끼우고 매듭을 묶은 다음, 바늘을 도안의 오른쪽 외곽선 바로 바깥으로 뽑아내 코르도네를 1~2회 감는다. 이제 니들레이스 작업을 시작할 준비가 된 것이다.
15. 색실로 원하는 만큼 스티치 해주고 13번과 같은 방법으로 실을 트레이싱 페이퍼 바깥에 고정한다.

16. 원래 실로 원하는 만큼 버튼홀 스티치를 놓는다.
17. 첫 번째 모서리에 도달할 때까지 이 작업을 반복한다. 모서리에서 방향을 바꾸려면, 지금까지 한 것과 마찬가지로 오른쪽에서 왼쪽으로 코드를 놓기는 하지만 줄의 일부만 작업해야 한다. 그 다음 다시 왼쪽으로 코드를 놓고 일부만 스티치 하여 쐐기 형태를 만들어낸다.
18. 모서리를 돌고 나면 오른쪽으로 코드를 놓고 앞에서와 같이 스티치를 채워나간다.

 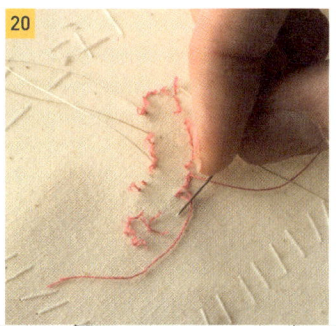 

19. 도안을 다 메운 뒤 실은 자르지 않고 그대로 둔다.
20. 자수를 뒤집어서 튀어나온 실을 모두 바짝 자른다. 이때 빨간색 실을 제거한다.
21. 자수를 다시 앞으로 뒤집어 완성된 니들레이스 슬립을 떼어낸다. 핀셋으로 남아 있는 빨간색 실을 제거한다.

22. 떼어낸 니들레이스 슬립은 남겨놓은 실을 이용해 바탕천에 붙인다.

▶ 완성된 니들레이스 코르도네 소매를 오른쪽 팔에 부착하였다. 왼팔은 오른팔보다 팔꿈치 부분이 훨씬 각이 져 있기 때문에 코드를 일부만 스티치 하는 '웨지' 작업에 훨씬 더 신경 써서 작업해야 한다.

와이어 니들레이스 슬립

와이어를 이용한 니들레이스 슬립은 한 지점이나 모서리 한 줄을 바탕천에 붙여 3차원적인 입체자수를 만들어낸다. 종이를 감은 와이어를 사용하면 니들레이스와 같은 색으로 색칠할 수도 있다. 98쪽에서 설명한 것처럼 먼저 트레이싱 페이퍼에 도안을 그린 다음 천에 붙인다. 와이어는 도안을 다 두르고 양 끝에 4㎝ 정도가 남게끔 여유 있게 자른다.

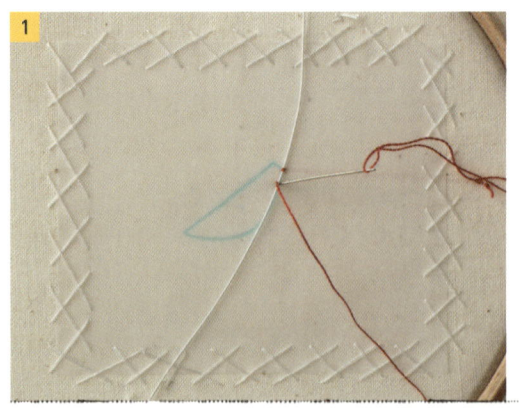

1. 작품에 사용할 실과 대비되는 색상의 실을 바늘에 꿰어 외곽선 바깥에 고정한다. 외곽선 모서리나 꺾인 곳에서 바늘을 빼낸 후 와이어를 외곽선 위에 놓고 카우칭을 시작한다.
2. 외곽선을 모두 카우칭 한 뒤 천 뒤로 실을 빼 마무리한다. 와이어를 4㎝ 정도 남기고 잘라낸다. 니들레이스를 시작하기 전에 테이프로 고정해도 좋다.

> **Note.**
> 이 예에서처럼 버튼홀 스티치를 한 줄씩 번갈아가며 놓지 않고 전체 윤곽에 모두 놓을 수 있다. 안쪽으로 스티치를 한 줄씩 채워 놓아 중앙에서 스티치를 매듭 짓는다. 83쪽 위의 나뭇잎이 이렇게 만든 것이다.

3. 바탕천에 붙일 부분부터 니들레이스를 시작한다. 실 끝을 매듭지은 후 버튼홀 스티치를 처음 놓을 지점에서 트레이싱 페이퍼 위로 바늘을 뺀다. 와이어에 첫 번째 버튼홀 스티치를 놓는다.
4. 와이어 위로 버튼홀 스티치를 놓아 첫 번째 줄을 완성한다.

5. 외곽선 와이어를 실로 감고, 첫 줄과 반대 방향으로 아래줄 스티치를 만들어나간다. 모든 스티치는 바로 윗줄의 루프에 실을 꿰어 작업한다. 여기서는 더블 브뤼셀 스티치를 놓았다.
6. 도안의 바닥까지 도달하면 와이어 밑으로 실을 엮어 고정한다.
7. 도안이 모두 메워지면 와이어를 실로 2~3회 감싼다. 그 다음 남은 실은 트레이싱 페이퍼 밖으로 빼 고정한다.

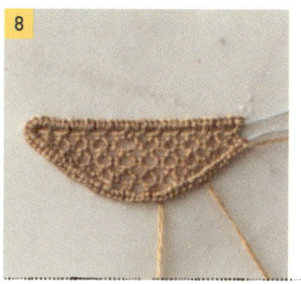 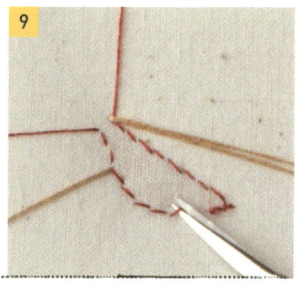 

8. 새로운 실을 트레이싱 페이퍼 밖에서 스타팅 스티치를 놓아 고정한 다음, 바탕천에 붙일 곳부터 와이어와 내부 스티치의 경계 부분을 촘촘하게 엮어 나간다.
9. 작품을 뒤로 돌려 뒤에 나온 실을 모두 자른다.
10. 천에 꽂아둔 니들레이스 실의 매듭을 뺀다.

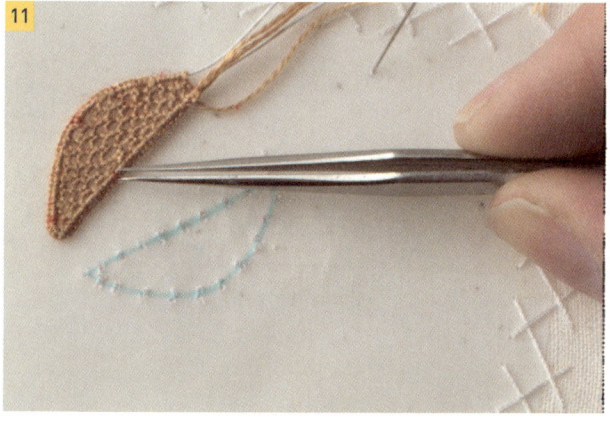

11. 핀셋을 이용해 슬립을 떼어내고 니들레이스에 붙어 있는 실밥을 정리한다. 남은 실은 슬립을 자수에 붙일 때 사용할 수 있지만, 와이어로 고정할 것이라면 잘라내도 된다. (버튼홀 가장자리를 다시 한 번 엮었기 때문에 풀리지 않는다.)

랩핑
Wrapping

17세기에 폭발적인 인기를 끌었던 랩핑 기법은 아름다운 효과를 자아낸다. 얇은 양피지, 짚, 라피아 섬유 등이 일반적으로 사용되었다.

비즈

가운데가 뚫려 있는 다양한 나무 비즈들이 있다. 실크 리본으로 쉽게 감싸서 작업할 수 있기 때문에 가장 이상적인 랩핑 재료라고 할 수 있다. 다양한 폭의 실크 리본을 사용할 수 있지만 여기서는 폭 4㎜ 리본을 사용했다. 큰 비즈에는 폭 7㎜ 리본이 좋다.

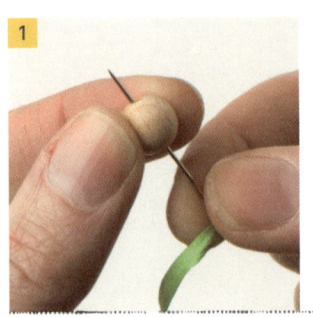 

1. 셔닐바늘에 리본을 꿰어 비즈 구멍에 끼운다.
2. 왼손으로 리본 끝을 잡고 다시 구멍으로 바늘을 밑에서 위로 끌어당긴다. 비즈를 다 덮을 때까지 반복한다.

3. 매번 비즈를 감을 때마다 비즈 표면을 평평하게 감는다. 바로 앞에 감긴 리본이 살짝 겹치도록 하면서 비즈 전체를 고루 덮는다.
4. 바늘을 이용해 남은 리본을 다시 구멍으로 밀어 넣어 모두 밑으로 빼낸다. 이 리본 두 줄은 비즈를 자수에 붙일 때 사용한다.

와이어

와이어는 스텀프 워크에 다방면으로 유용하게 사용되는 재료로, 어렵지 않게 조형 효과를 만들어낼 수 있다. 싱글 와이어는 실을 감싸 개별적으로 사용할 수 있으며, 천이나 니들레이스, 슬립의 테두리로 사용하여 다양한 모양을 만들어낼 수도 있다. 스텀프 워크의 인물의 손은 대부분 와이어로 만든다.

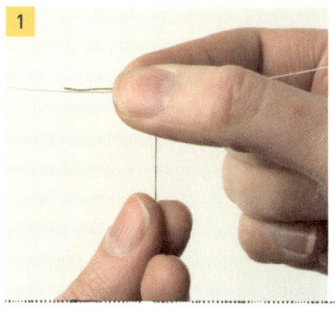 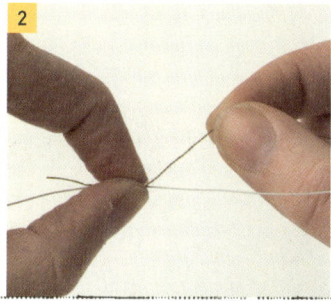 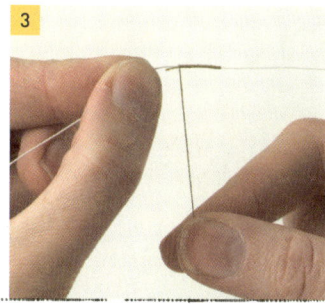

1. 와이어보다 실을 약간 더 튀어나오게 하여 와이어와 면실 한 가닥을 나란히 붙잡는다. 다른 한 손으로 실의 반대쪽 끝을 잡는다.
2. 오른쪽에서 왼쪽으로 실을 팽팽하게 잡아당겨 와이어와 함께 잡고 있던 실까지 감는다.
3. 팽팽하고 고르게 와이어를 감아나간다.

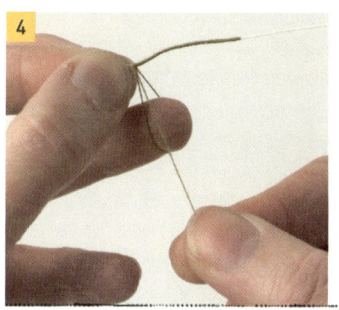 

Note.
실이 풀리지 않도록 더 확실하게 고정하고 싶다면 수용성 접착제를 칠한다.

4. 다 감았으면 실을 팽팽하게 유지한 채 와이어를 묶어 마무리한다. 와이어를 자르더라도 남은 실은 자수에 붙일 때 필요할 수 있으므로 자르지 않도록 조심한다.
5. 필요하다면 와이어를 구부려 사용할 수도 있다.

▶ 와이어에 실을 감아 아름다운 꽃을 표현했다. 사라 스티븐 작품의 일부.

종이와 카드

실을 감쌀 때는 원래 양피지를 주로 사용했지만, 두꺼운 종이나 카드, 빌렌과 같은 것을 사용해도 된다. 종이의 앞뒤에 양면테이프를 붙인 뒤 실을 감으면 작업이 훨씬 수월하다. 실과 같은 색깔의 수채화 물감으로 종이를 칠해도 된다.

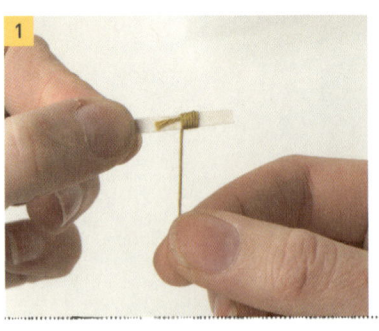 

1. 종이 위에 면실 1가닥을 붙잡고 오른쪽에서 왼쪽으로 감아나간다. 시작하는 실 끝을 밑에 넣고 감으면 끝을 고정할 수 있다. 원하는 길이만큼 감는다.
2. 다 감으면 실을 묶는다. 남은 실은 자수에 붙일 때 사용할 것이니 자르지 않는다. 원하는 모양대로 구부린다.

◀ 다양한 기법으로 잔디를 연출했다. 왼쪽 끝은 실크 리본을 이용한 스트레이트 스티치, 중간은 스트랜디드 코튼과 펄 코튼을 이용한 스템 스티치, 오른쪽 끝은 종이카드를 스트랜디드 코튼으로 감았다.

▶ 비즈와 다양한 사물로 꾸민 정원수. 자수를 장식하는 데 사용할 수 있는 다양한 재료들을 볼 수 있다. 꽃과 잎사귀를 표현하기 위해 시샤 미러, 깃털, 가죽, 단추, 방울, 작은 빨래집게, 버글 비즈 bugle beads, 진주, 크리스털 등이 사용되었다. 맨 밑의 달팽이 껍데기는 접착제로 붙인 것이다.

특별한 사물들
Found ojects

조개껍질이나 산호조각과 같은 사물들은 스텀프 워크의 흥미를 불러일으키는 소재로, 작품을 더욱 매력적이고 신비하게 만들어준다. 17세기에는 오늘날 미술에서 많이 사용되는 기법처럼 관련성이 없는 사물들을 모아 붙이는 것이 유행이었다.

하지만 기본적으로 자수를 놓는 사람의 취향이나 개인적으로 의미 있는 물건이라면 무엇이든 활용할 수 있다. 나는 주로 종, 단추, 달팽이 껍데기 같은 것을 붙이는 것을 좋아한다. 이러한 물건들은 기본적으로는 스티치로 천에 붙이지만 실로 꿰매기 어려운 경우에는 천 접착제를 사용해도 상관없다.

장식물 붙이기

비즈와 같은 장식물은 바탕천에 어울리는 실 2가닥으로 붙인다. 실에 왁스칠을 하면 작업이 좀 더 쉬워진다. 비딩 바늘이나 자수바늘 10번, 12번을 사용한다.

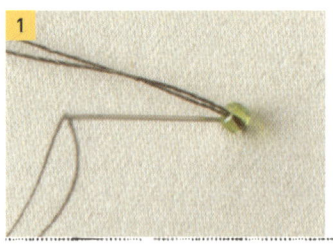 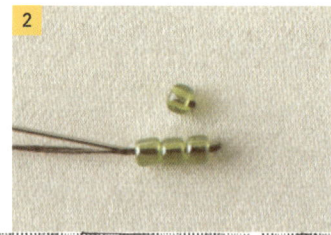 

1. 바탕천 위로 실을 빼 비즈에 꿴다. 비즈를 바닥에서 떨어지지 않도록 바싹 붙이고 천 뒤쪽으로 바늘을 뺀다.
2. 2~3개의 비즈를 한꺼번에 꿰고 1과 같은 방법으로 고정한다.
3. 위와 같은 작은 진주알 비즈 역시 한 개 또는 여러 개씩 붙일 수 있다.

Note.
일반적인 규칙을 이야기하자면, 비즈처럼 가운데를 관통해서 장식을 붙여야 할 때는 2가닥 실을, 어떤 것 위로 스티치 해야 할 때는 1가닥 실을 사용한다.

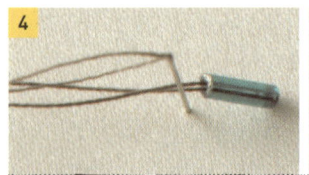  

4. 버글 비즈도 같은 방법으로 붙인다.
5. 단추는 반대편 구멍으로 2~3회 스티치를 놓아 교차시킬 수 있다.

6. 스팽글과 같은 크리스털은 균등하게 각도를 잡아 스티치를 3회 놓는다.
7. 돌조각 같은 것은 비즈와 같은 방법으로 스티치 하여 붙일 수 있다.
8. 작은 방울은 후크를 3~4회 감아 고정한다.

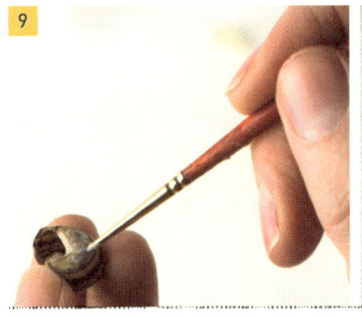

9. 조개껍질이나 달팽이 껍데기는 수성 천 접착제를 바닥에 발라 천에 힘껏 눌러 고정한다.

10. 미카와 시샤 미러는 유리칼을 이용해 원하는 모양으로 자를 수 있다. 접착제를 이용해 천에 먼저 붙인 다음에 한 방향으로 스티치 하고 나서 다른 방향으로 교차해서 스티치 한다.

11. 깃털은 새의 척추 위에 놓고 싱글 스티치로 붙인다. 1가닥의 실을 자수바늘 10번이나 12번에 꿰어 스티치 한다.

12. 가죽을 작게 잘라 스템 스티치로 고정한다. 천 위에서 바늘을 뽑고 가죽 위에 바늘을 집어넣는다.

▶ 얇은 가죽, 건사, 실을 감은 와이어로 민들레를 실감나게 표현했다. 사라 스티븐의 작품 중 일부.

인물
Figures

전통적인 스텀프 워크에서 인물은 홀로 표현되는 경우는 없다. 언제나 메달 모양이나 장식한 액자 등 작은 모티브나 배경으로 둘러싸여 있다. 물론 보석함 옆면에는 스토리 속 인물로 등장하기도 한다. 인물이 혼자 등장하거나 작은 장식들이 들어간 경우에는 샘플러처럼 나무, 꽃, 곤충, 동물 등이 사람과 비슷한 크기로 들어가 있는 경우가 많다.

장식 도안은 대개 출판물에서 카피했다. 특히 1553년 리옹에서 출간된 작은 그림 성경에는 페이지마다 장식 무늬가 실려 있었는데, 이 무늬들은 한 세기 넘게 자수에 자주 등장했다. 그 외의 다른 패턴북들도 대개 유럽 대륙에서 가져온 것들이었다. 예컨대 신화적인 묘사들은 오비디우스의 《변신이야기》까지 거슬러 올라간다. 이런 작품에 실린 그림들은 대개 전문적으로 도안을 만들어 파는 사람들에 의해 꽤 정확하게 복제되어 유통되었다.

이렇듯 소박한 디자인의 전통은 오늘날 자수의 세계에 많은 영감을 제공한다. 게다가 17세기에 비해 오늘날에는 손쉽게 다양한 이미지를 찾을 수 있다. 잡지, 책, 인터넷 등의 매체를 통해 얼마든지 원하는 이미지를 구할 수 있어 인물 디자인에 대한 고민을 덜어준다. 따라서 인물을 표현할 때는 자신이 좋아하는 유명 화가의 이미지를 가져다 써도 좋고, 자수에 맞는 형태로 단순화하거나 눈이나 머리카락 같은 특징적인 부위를 두드러지게 하는 것도 좋은 방법이다.

▶ 현대적인 느낌이 물씬 풍기는 이 자수의 포인트는 와이어를 이용해 풍성하게 연출한, 화려한 자수가 놓인 치마다. 다리, 팔, 얼굴은 모두 유연성을 위해 천을 대각선으로 재단했다. 또한 그 위에 섬세한 버튼홀 스티치로 신발과 조끼를 덧씌웠다. 인쇄된 바탕천과 대비되도록 사용한 색상의 현명한 조합은 시각적으로 매우 인상적인 이미지를 연출해낸다. 레이첼 도일Rachel Doyle의 작품 중 일부.

◀ 이 작품에 사용된 다양한 버튼홀 스티치는 그 기법의 완성도에서나 응용 측면에서 배울 점이 매우 많다. 또한 얼굴을 묘사한 기발한 방법과 특별한 사물을 이용해 표현한 안경, 낚싯대, 모자는 인물을 훨씬 매력적으로 돋보이게 만들어준다. 제니 애딘 크리스티 Jenny Adin-Christie의 작품.

전통적으로 인물을 묘사할 때는 두 가지 방법이 사용된다. 바탕천에 직접 실크로 작업한 뒤 얕은 돋을새김 효과를 조금 넣어주거나, 현실감을 주기 위해 다양한 기법의 패딩을 활용한다. 오늘날에는 패딩을 넣는 기법이 훨씬 많이 사용된다. 펠트 패딩으로 옷에 감춰진 몸을 표현하고, 면 뭉치나 실크로 형태를 잡아 특색 있는 얼굴을 표현하고, 종이로 감싼 와이어를 실로 감싸 손을 만들고, 피부색 펠트나 빌렌을 이용해 피부를 만든다. 이 모든 기법을 여기서 설명할 것이다.

일반적으로 옷과 천은 버튼홀 코르도네로 표현하거나, 아플리케나 정교하게 엮은 천으로 표현하거나, 금속실을 실크와 함께 카우칭 하여(오르누에 or nue) 표현한다. 인물의 크기에 따라 적당한 질감과 무게감을 고려해 이러한 기법들을 적절하게 사용한다.

사실 인물을 '반드시 이렇게 표현해야 한다'라고 정해진 규칙은 없다. 도안에 따라 제각각 다른 자세나 옷차림에 맞춰 패딩과 천은 다양하게 선택할 수 있다. 다시 말하면 작업의 규칙은 도안이나 선호하는 작업 방식에 따라 달라진다는 뜻이다. 하지만 여기서는 작업 과정을 쉽게 설명하기 위해 특별한 작업 방식을 선택했다.

▲ 이 작품은 41쪽 작품의 연작이라 할 수 있다. 테이블 위의 화병, 카펫, 무당벌레 등과 같은 모티브는 41쪽 작품과 동일하다. 비율이 다르기는 하지만 여전히 왜곡된 이미지는 스텀프 워크 특유의 장난기와 자연스러운 원근법을 무시하는 특성을 그대로 유지하고 있다. 순면 스커트에는 실크와 금실로 자수가 들어갔고, 실크 리본으로 허리끈을 장식했다. 가는 실크실로 버튼홀 스티치를 놓은 블라우스는 화병, 꽃, 나뭇잎을 구성하는 다소 투박한 느낌의 자수와 대조를 이룬다.

스텀프 워크 인물 기법

우선 도안을 그린다. 주요 외곽선을 먼저 작업할 수 있도록 외곽선을 그린다.

> **Note.**
> 여기 실린 도안은 실제 드로잉을 일정한 비율로 줄인 것이다. 실제 크기의 1/3 정도 된다.

▲ 디자인의 최종 라인 드로잉

▲ 주요 스티칭 라인을 잡기 위한 드로잉. 입체 자수나 슬립이 들어가는 자리는 빠져 있는 것을 알 수 있다. 이 그림에 세부적인 요소를 직접 그려 넣거나 템플릿에 대고 그린다.

패딩

오른쪽 드로잉은 펠트 패딩의 첫 번째 레이어를 보여준다. 이 부분은 별도로 작업한 뒤 바탕천에 붙이면서 패딩을 넣는다. 펠트가 목 부분보다 약간 낮게, 소매 끝보다 살짝 짧게 그려져 있는 것을 알 수 있다. 하체의 경우 펠트는 스커트의 아웃라인이 아니라 신체 윤곽에 맞춰 자른다. 안쪽 선은 펠트 위에 표시하고, 필요할 경우에는 더블백 스티치를 놓아 표시한다.

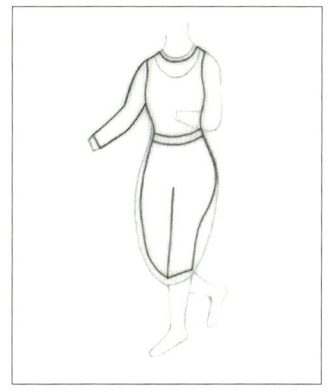

▲ 펠트 패딩 첫 번째 레이어

🌿 천에 패딩 넣기

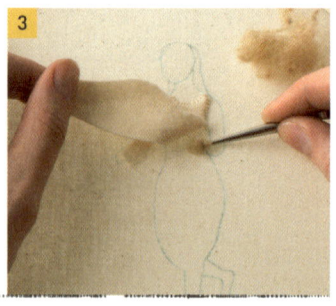

Note.
바탕천에 패딩을 붙일 때는 바탕천 위에서 바늘을 빼, 펠트 위로 넣는다. 이렇게 하면 윤곽선이 명확해진다.

1. 바탕천에 몸의 외곽선을 파운스로 표시한다. 별도로 만들 요소들, 예컨대 손과 같은 것은 표시할 필요가 없다. 파란색 수성펜으로 외곽선을 표시한 뒤 파운스 가루는 솔로 털어낸다.
2. 펠트에 외곽선을 파운스로 표시한다. 바탕천에 그린 외곽선보다 살짝 작아야 한다. 허리 부분을 표시한다. 펠트를 제 위치에 놓고 윗부분을 스태브 스티치로 고정한 다음 가슴이 제 위치에 오게 한다. 몸통과 팔이 만나는 부분에는 백 스티치를 놓는다.
3. 스틸레토(작은 칼)나 핀셋, 멜로어를 사용해 작은 양털 뭉치로 가슴을 채운다. 가슴 위아래로 솜이 넘치지 않도록 조심한다.

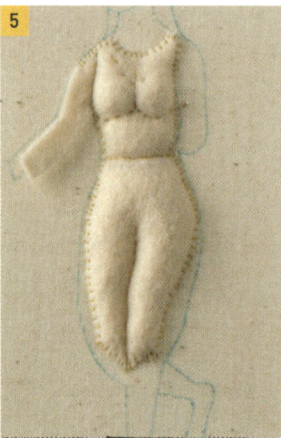

4. 위에서부터 아래로 스티치를 놓으면서 단계별로 솜을 넣어 몸을 완성해나간다. 가슴과 허리처럼 몸매의 형태를 잡아줘야 하는 곳은 백 스티치를 놓아준다. 솜을 단단하게 채우고 조심스럽게 매만져 예쁜 모양이 되도록 한다.
5. 패딩이 완성되면 실을 마무리한다.

🌿 발

펠맷 빌렌을 발에 맞게 자르고, 천을 대각선 방향으로 놓고 자른 후 빌렌을 감싼다(빌렌을 싸는 방법은 89쪽에서 설명했다). 완성된 발은 패딩을 넣은 펠트 바닥면을 기준으로 하여 바탕천에 스티치 한다.

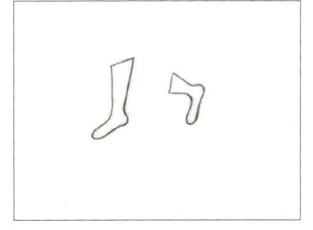 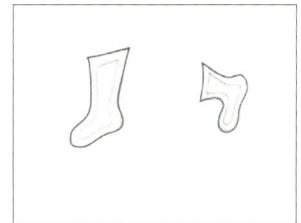

▲ 펠맷 빌렌을 발 모양으로 자른다.   ▲ 천을 잘라 빌렌을 싼다.

🌿 스커트

그 다음 자수를 놓을 스커트 영역을 표시한다. 양옆으로 초과된 부분은 안으로 접혀질 부분이다. 여기서 스커트는 원형 자수틀에서 따로 자수한 다음 슬립으로 넣을 것이기 때문에 약간 크게 잘라 패딩 위에 스티치 하기 전에 안으로 접으면 된다.

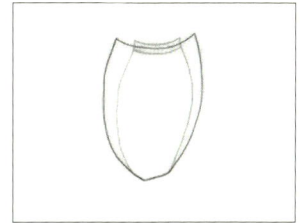

▶ 자수를 넣을 스커트 드로잉

🌿 목

목이 들어갈 위치를 정한다. 목의 윗부분과 아랫부분은 각각 머리와 옷으로 덮이기 때문에 스태브 스티치로 고정해준다. 왼쪽과 오른쪽은 바깥으로 보이기 때문에 안쪽으로 접어 넣을 수 있도록 여유를 준다.

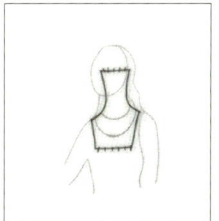 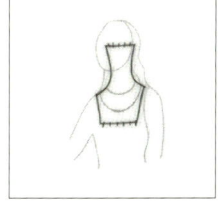

▲ 목을 넣을 위치를 정한다.   ▲ 목의 최종 드로잉

1. 코튼론과 같이 아주 부드러운 천을 작은 자수틀에 고정한다. 필요하다면 피부색과 같은 색깔의 수채화 연필로 천을 칠한다. 물을 뿌려 색이 스며들게 한 뒤 드라이기로 말린다. 천에 대각선 방향으로 목을 그리는데, 안쪽으로 접을 수 있도록 실제 크기보다 4~5mm 정도 크게 그린다.

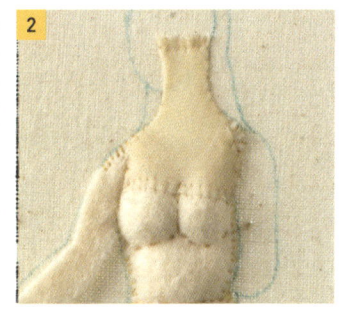

2. 도안을 자르고 양옆 솔기는 손가락으로 눌러 모양을 잡는다(위쪽과 아래쪽은 덮일 것이므로 신경 쓰지 않아도 된다). 목의 형태를 제대로 잡은 다음에 보이지 않는 실이나 피부색과 같은 얇은 폴리에스테르 실로 스템 스티치를 놓는다. 바탕천으로 바늘을 뽑아 올리고 목은 최대한 조금 붙잡아 바늘을 밑으로 넣는다.

🌿 버튼홀 셔츠

오른쪽 그림은 버튼홀 셔츠의 최종 패턴이다. 목둘레를 뺀 나머지 선은 패딩을 넣을 수 있도록 2㎜ 정도 크게 그렸다. 목둘레는 패딩에 영향을 받지 않기 때문에 원래대로 그린다.

▶ 버튼홀 셔츠의 최종 패턴

🌿 왼쪽 팔

왼쪽 팔은 몸통 위에 들어가는 두 번째 레이어다. 왼쪽 팔 역시 자수에 부착할 때 패딩을 넣는다.

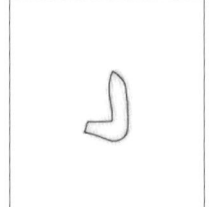

▶ 펠트 패딩을 위한 왼쪽 팔

🌿 버튼홀 소매

버튼홀 소매의 최종 패턴이다. 팔과 몸통이 만나는 부분을 뺀 나머지 부분은 패딩 작업을 위해 2㎜ 더 크게 그렸다.
소매를 부착하기 전에 손을 먼저 만들어 붙여야 한다.

▶ 버튼홀 소매의 최종 패턴

🌿 신발

가죽에 신발을 그려 잘라낸 후 스템 스티치로 고정한다. 신발에도 패딩을 넣기 때문에 신발 코 부분을 뺀 나머지 부분을 조금 크게 자른다.

▶ 신발의 최종 도안

손 만들기

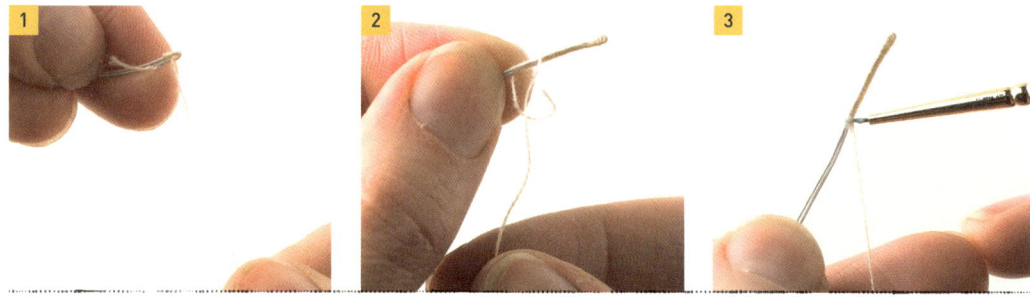

1. 종이로 감싼 가는 와이어를 9㎝ 정도 길이로 5개를 자른다. 피부색 면실 1가닥으로 와이어의 중간 부분을 0.5㎝ 감은 후 반으로 접는다.
2. 반으로 접은 와이어의 끝을 가능한 바짝 붙여서 실로 감는다. 실이 겹치지 않도록 주의한다. 다 감은 다음 와이어에 실을 묶고 남은 실은 자르지 않는다.
3. 수용성 접착제를 살짝 떨어트려 매듭이 풀리지 않도록 고정한다.

Note.
손가락을 제대로 만들려면 실제 만들고자 하는 손가락보다 더 길게 감아야 한다.

 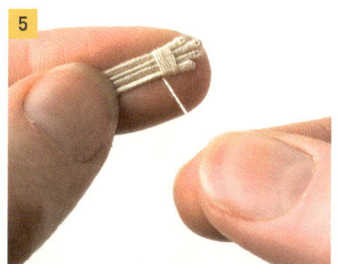 

4. 나머지 네 손가락도 모두 같은 방법으로 감는다.
5. 실제 손처럼 네 손가락을 함께 묶는다. 새끼손가락의 손톱이 끝난 지점부터 묶는다. 엄지손가락이 들어가야 할 자리까지 감는다.
6. 핀셋으로 손가락을 일직선이 되도록 잡고 엄지손가락을 나란히 놓는다.

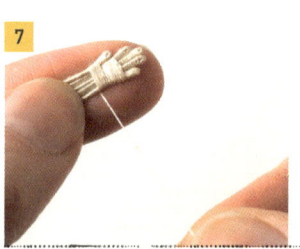  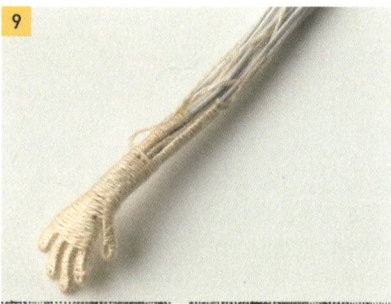

7. 엄지까지 함께 손목까지 감는다.
8. 실을 팽팽하게 당긴 상태에서 핀셋으로 손가락을 누른다. 손목 부분에서 와이어 5개를 모두 살짝 꺾는다.
9. 팔까지 계속 감다가 소매 끝이 지난 위치에서 멈춘다. 실을 묶어 고정하고 실제 손처럼 손가락을 구부려 다듬는다.

손 붙이기

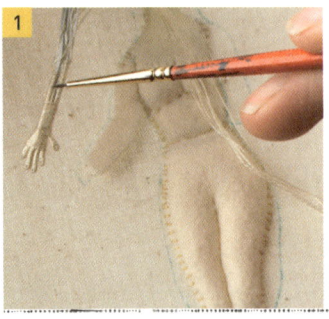 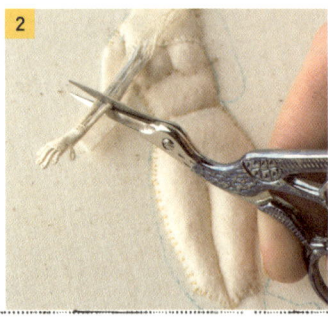 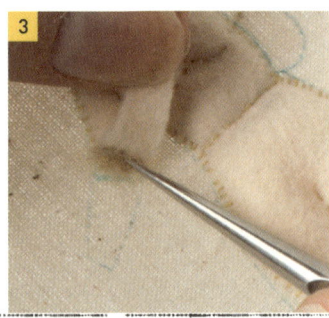

1. 손을 어디에 놓을지, 팔꿈치를 어디에 놓을지 자리를 잡는다. 접착제를 작은 붓에 발라 팔꿈치 아래 실이 감기지 않은 부분을 칠한다.
2. 와이어를 팔꿈치 바로 밑에서 자른다. 자수에 팔을 고정하기 위해서는 이 정도 여유가 필요하다.
3. 손의 끝부분이 닿는 자리를 파란색 수용성 펜으로 표시한다. 펠트를 따라 스템 스티치를 놓고 솜을 살짝 채운다.

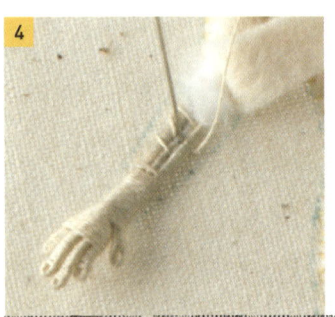 

4. 천 위에 손을 제 위치에 놓고 패딩이 단단해질 만큼 밀어 넣는다. 바늘로 펠트를 뒤로 젖히고 왁스를 칠한 실로 팔을 고정한다. 와이어 사이로 스티치를 놓는다.
5. 스티치는 소매 밖으로 팔이 보이지 않는 지점까지만 놓는다. 팔을 고정한 뒤, 스템 스티치로 펠트의 양쪽을 (소매 부분은 빼고) 바느질한다.

소매 붙이기

1. 팔 위에 니들레이스로 만든 소매를 올려놓고 스템 스티치로 고정한다. 니들레이스를 관통해 바늘을 뽑아 올린 다음 바탕천으로 빼낸다. 니들레이스의 주요한 부위를 먼저 스티치 하여 자리를 잡은 뒤 사이사이를 메워 나간다.
2. 팔 둘레를 모두 스티치 한 다음, 남은 실은 천 뒤로 빼 마무리한다.

얼굴 만들기

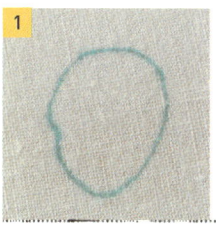 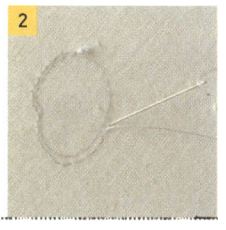

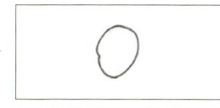
◀ 얼굴 최종 도안

◀ 얼굴의 첫 번째 슬립을
위한 최종 드로잉

1. 코튼론과 같은 매우 얇은 천 위에 파운싱으로 도안을 옮긴 후, 파란색 수용성 펜으로 외곽선을 그린다. 결에 맞춰 작업한다.
2. 같은 천으로 얼굴 위에 슬립을 넣는데 이번에는 결을 대각선 방향으로 작업한다. 115쪽에서 사용한 피부색 물감을 칠한다. 파운싱을 해 외곽선을 옮기지만 펜으로는 그리지 않는다. 대신 흰색이나 피부색 실로 외곽선 바로 바깥 부분에 작은 러닝 스티치를 놓는다. 머리 맨 윗부분부터 시작하고 턱은 조금 더 여유를 준다.

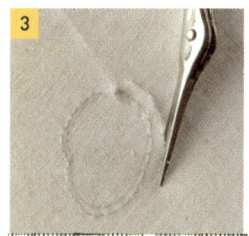   

3. 스티치를 모두 놓고 나면 남은 실은 자르지 않고 남겨둔다. 스티치 바깥으로 5mm 정도 거리를 두고 잘라낸다. 바느질실을 자르지 않도록 주의한다.
4. 슬립 밑으로 실을 조여서 천을 봉긋하게 모은다.
5. 잡아당긴 실을 이용해 스템 스티치로 천 위에 슬립을 고정한다. 바탕천으로 실을 뽑아 올리고 슬립을 통과해 실을 밑으로 빼낸다. 머리 윗부분에서 출발해 귀가 있는 지점까지 양쪽으로 스티치를 놓는다.
6. 핀셋이나 스틸레토, 멜로어를 이용해 작은 솜뭉치를 넣는다.

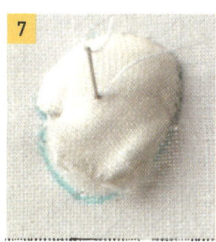 

▲ 얼굴 세부 도안

7. 템플릿을 참고하여 눈의 위치를 연필로 표시한 뒤 양쪽 눈에 스템 스티치를 3회씩 놓는다. 눈 한가운데와 양쪽 끝을 짚어줌으로써 눈 둘레가 약간 들어가 보이는 효과를 만들어낸다.

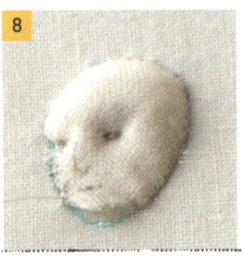   

8. 턱이 시작되는 부분까지 스템 스티치를 놓는다. 코와 입을 연필로 표시한다.
9. 벌어진 틈새로 솜을 집어넣어 양쪽 볼을 만든다. 얼굴이 더욱 입체적으로 표현된다. 시침핀으로 턱을 고정한 다음 입술에 스템 스티치를 2~3회 놓는다.
10. 턱 쪽으로 스템 스티치를 더 놓고, 마지막으로 꿰매기 전에 작은 솜을 더 넣는다. 스템 스티치로 턱까지 모두 마무리한다.
11. 연한 재질의 사각형 목재의 모서리를 잘라 코를 만든다. 조각에 접착제를 발라 얼굴에 붙인다.

12. 코가 움직이지 않도록 나무 위에 스티치를 1~2회 놓는다.
13. 물로 희석한 접착제를 붓에 묻혀 앞면의 스티치된 선과 자수의 뒷면에 바른다. 드라이기로 접착제를 완전히 말린다.
14. 스티칭된 선을 따라 슬립을 깔끔하게 잘라낸다.
15. 다른 천 조각 위에 대각선 결로 슬립을 올려놓고, 앞에서처럼 피부색을 칠한 후, 연필로 5mm 정도 여유를 주고 외곽선을 그린다.

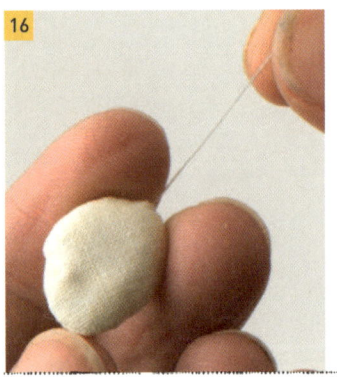 

16. 연필로 그린 선 위에 작은 러닝 스티치를 놓고, 앞에서 남긴 실의 길이만큼 실을 남기고 자른다. 그 다음 스티치된 선에서 5mm 정도 여유를 주고 천을 잘라낸다. 얼굴을 천으로 싼 뒤 실을 당겨 천을 봉긋하게 만든다.
17. 남은 바느질실로 뒷면의 천을 꿰매어 풀어지지 않도록 한다.

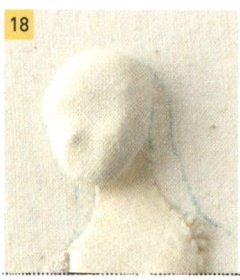 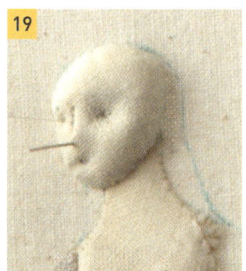  

18. 투명실이나 얇은 바느질실로 자수에 얼굴을 붙인다. 먼저 주요 지점 3~4곳에 홀딩 스티치를 한 번씩 놓고 난 뒤 사이사이를 메워나간다. 바탕천에서 바늘을 뽑고 바늘로 얼굴을 살짝 떠준 다음 밑으로 뺀다.

19. 작은 칼이나 시침핀의 무딘 끝으로 눈의 윤곽을 한 번 잡아주고, 전과 같은 방법으로 양쪽 눈에 스템 스티치를 3회 놓는다. 입도 마찬가지로 윤곽을 잡아주고 투명실로 작은 스템 스티치를 놓아 코의 옆선과 끝을 잡아준다.

20. 연필이나 파란색 수용성 펜으로 머리카락 외곽선을 그린다. 파운싱 처리한 머리카락의 아웃라인을 펠트에 그린 다음 잘라낸다.

21. 머리카락에 패딩 넣을 곳을 정한 뒤 스템 스티치로 자리를 고정한다. 바탕천으로 바늘을 빼서 펠트를 꿰어 바늘을 밑으로 빼낸다.

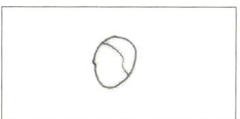 

▲ 얼굴 위에 그린 헤어라인   ▲ 머리카락으로 쓸 펠트 패드 도안

22. 아주 가는 실이나 스트랜디드 코튼 1가닥으로 수를 놓는다. 눈썹부터 시작한다. 파운싱이나 템플릿을 이용해 눈썹 위치를 표시하고 작은 스템 스티치를 놓는다.

23. 양쪽 눈의 중앙에 프렌치 노트 스티치를 놓는다.

24. 눈동자 주변에 작은 스티치를 몇 개 놓아 눈을 완성한 다음, 가늘고 진한 분홍색의 실크사 두 가닥으로 작은 스트레이트 스티치로 입을 만든다.

25. 분홍색 수채물감으로 양 볼을 칠한다.

머리카락

1. 왼쪽부터 스트레이트 스티치를 이용해 머리카락을 채워 넣는다. 다채로운 레이온 사를 활용한다.
2. 같은 방법으로 오른쪽 머리카락의 윗부분을 스티치 한 후 밝은 색 실크사로 실을 바꿔 그 위에 스티치를 놓는다.
3. 레이온사로 돌아가 다른 긴 열을 만들고 좀 더 아래에 짧은 스티치를 놓고, 바늘을 윗줄의 스티치로 다시 가져가 펠트의 외곽선을 따라 아래로 스티치 해간다.
4. 같은 방식으로 계속 바느질하여 맨 위에 넣을 곱슬머리를 넣을 수 있는 기반을 마련한다.

 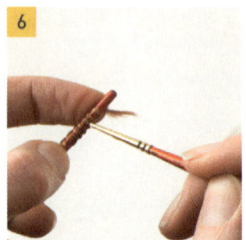 

5. 곱슬머리를 만들기 위해 레이온 사를 반으로 묶어 붓 둘레에 감고는 왼손으로 끝을 잡고 오른손으로 감아나간다.
6. 감긴 레이온 사에 수용성 접착제를 물에 희석해 덧칠하는데, 맨 마지막 부분은 칠하지 않는다. 드라이기로 접착제를 완전히 말린다.
7. 붓에서 곱슬머리를 뺀다. 이 방법으로 곱슬머리를 2~3개 더 만든다. 곱슬머리를 심어줄 적당한 위치에 바느질하여 스티치로 고정한다.
8. 원하는 만큼 머리카락을 심어주고 난 후 적당한 길이로 다듬는다.

Stumpwork